*Heartfelt thanks to the National Endowment for the Arts (NEA)
for its generous support of this project*

The Shy Hand of a Jew

Nieśmiałą dłonią Żyda

The Shy Hand of a Jew

Poems by Maurycy (Mosze) Szymel

Translated by
Aniela & Jerzy Gregorek

Stanley H. Barkan
Cross-Cultural Communications
239 Wynsum Avenue
Merrick, NY 11566-4725 USA

Library of Congress Cataloging in Publication data:

Szymel, Maurycy (Mosze), 1903-1942
[Nieśmiałą dłonią Żyda. English & Polish]
The Shy Hand of a Jew / Maurycy (Mosze) Szymel
Translated by Aniela and Jerzy Gregorek (1st edition)

Cover image provided by Eugenia Prokop-Janiec

Cover and text design by Alexander Atkins Design, Inc.

Text in Polish retyped by Joanna Budnicka Haddick

Manufactured and printed in the US, on acid-free paper

Cross-Cultural Communications is a nonprofit organization

CONTENTS

"The Shy Hand of a Jew"   x
Introduction by Aniela and
Jerzy Gregorek

POWRÓT DO DOMU (1931)	2	RETURN HOME (1931)	3
Przyjazd	4	Arrival	5
Powrót do domu	6	Return Home	7
Notatki autobiograficzne	8	Autobiographical Notes	9
Sobota	12	Saturday	13
Połóż mi dobre swe ręce na włosach	14	Lay Your Good Hands on My Hair	15
Do…	16	To…	17
Biblia na stole	18	A Bible on the Table	19
Noce biblijne	20	Bible Nights	21
Namioty Izraela	22	Israel's Tents	23
Ballada o głupcach z Chełma	24	A Ballad about the Fools from Chelm	25
Wiersz smutny	28	A Sad Poem	29
Ojczyzna, której nie widziałem	30	The Homeland I Haven't Seen	31
Elegia do ziemi polskiej	32	An Elegy for Polish Land	33
Ziemio…	34	Earth...	35
SKRZYPCE PRZEDMIEŚCIA (1932)	36	SUBURBAN VIOLIN (1932)	37
Muza na przedmieściu	38	The Muse in the Suburbs	39
Moja matka	40	My Mother	41
Matka rozpala ogień	42	Mother Lights the Fire	43

Matka gdera	44	My Mother Nags	45
Wieczór na mojej ulicy	46	An Evening on My Street	47
O staruszku tęskniącym	48	About the Old Man Longing	49
Antysemici	50	Anti-Semites	51
O sobocie utraconej	52	About Lost Sabbath	53
Kołysanka mojej matki	54	My Mother's Cradlesong	55
WIECZÓR LIRYCZNY (1935)	56	LYRICAL EVENING (1935)	57
Rozmowa przez łzy	58	Talking through the Tears	59
Na dobranoc	60	For "Goodnight"	61
Kobieta i jazz-band	62	A Woman and a Jazz Band	63
Ghetto	64	Ghetto	65
Żydzi	66	Jews	67
Psalm	68	Psalm	69
Wieczór na wsi	70	Country Evening	71
Zima w moim domu	72	Winter in My Home	73
O proroku, który nie przyszedł	74	About the Messiah Who Didn't Come	75
Wiosna żydowska	76	The Jewish Spring	77
O nieznanym żołnierzu żydowskim	78	About an Unknown Jewish Soldier	79
Żydzi i psy	80	Jews and Dogs	81
Państwo żydowskie	82	The Jewish Homeland	83
Święto szałasów	84	The Feast of Tabernacles	85
O wieczorze i śmierci	88	About an Evening and Death	89
Droga do samotności	90	A Path to Solitude	91
Śmierć	92	Death	93

Z WIERSZY ROZPROSZONYCH   DISPERSED POEMS
(1926-1939)   94   (1926-1939)   95

Wieczne życie   96   Everlasting Life   97

Szabat   98   Sabbath   99

Lag B'Omer   100   Lag B'Omer   101

Podchorążowie   102   Cadets   103

Już nie będę mały...   104   I Won't Be Small Anymore...   105

Ballada o chłopczyku w ciemności 106   A Ballad about a Boy in Darkness   107

Rozmowa o ludziach i drzewach   110   A Conversation about People and Trees 111

Rozmowa z panem Mikołajem   112   Conversation with Santa Claus   113

Rozmowa z panią Łucją   114   Conversation with Mrs. Lucja   115

Na prowincji żydowskiej   118   In the Jewish Province   119

Dziecko zaczyna chodzić   122   A Child Begins to Walk   123

                                        Acknowledgments   124

INTRODUCTION

The Shy Hand of a Jew

MAURYCY (MOSZE) SZYMEL was born into a Jewish family in Lvov in 1903. After graduating from the Jewish Humanistic Gymnasium (high school), his poetry was first published in 1925 in *Moments*, Lvov's Polish-language Jewish newspaper. Over the years, his creative output — lyrics, poetry, short stories and plays — became well known to readers of *Moments*, where many Jewish poets of the era writing in Polish were published. Such writers included Karol Dresdner, Anda Eker, Daniel Ihr, Artur Lauterbach, Stefan Pomer and Juliusz Wit. For the first time in Poland, these writers created a new trend in poetry known as Polish-Jewish Poetry. This body of work expresses Jewish sensibilities "through a poet's words — through Polish words," as stated by Roman Brandstaetter, one of the best known members of this movement.

Szymel's poetry explores the relationship between Jews and Poles, as well as other aspects of his life as a Jew living in Poland. His writing reveals a strong connection to Poland, often evoking the imagery of its landscape and countryside. In "Poland" (1934), he writes:

> ... gray, peasant horse
> how does my love appear to you
> when I caress your warm, sweaty head
> with a shivering hand, the shy hand of a Jew?

One of the main themes of Jewish poets of his generation was the Polish aspect of their identity. The motif of having "two homelands" is prominent in Szymel's poetry.

In the autumn of 1930, Szymel came to Warsaw from Lvov, wearing a shabby coat and beret, which many ridiculed as a fool's cap. He was a man of medium height, a little overweight, with a light complexion and wide blue eyes that opened onto the world. Arnold Slucki said that Szymel looked like a typical member of the intelligentsia. It was probably during these years that he began studying the philology of the Polish language at Warsaw University.

Szymel lived the life of a gypsy poet and supported himself, with difficulty, by writing poetry, literary articles and criticism, weekly columns and translations from Yiddish. His name was well-known in Polish circles in general, as well as by readers of Polish-Jewish newspapers: *New Journal*, based in Cracow, and *Helm, Lector, Literature Voice, Opinion, Our Review* and *Warsaw Newspaper*, all based in Warsaw.

Szymel's creativity is considered to have achieved its full expression during the period from 1930 to 1939. During that decade, he published three books of poetry, *Return Home* (1931), *Suburban Fiddle* (1932) and *Lyrical Evening* (1935). The subject matter centered around history, the Bible, memories of his family (especially his mother), pictures of life in the Jewish ghetto, erotica and his personal feelings toward Poland and the Polish-Jewish dynamic. The poems in these books also show the influence of the Polish writers Jan Kasprowicz and Leopold Staff on his poetry, in terms of Szymel's use of metaphor, rhyme and assonance, as well as his poetic spontaneity. Szymel's poetry conveys the taste of "yesterday" but the most exceptional of all his talents is, in the words of the well-known critic Karol Wictor Zawodzinski, "real virtuosity of rhythm."

Szymel's work was well received nationwide in both Jewish and non-Jewish circles, among literary critics writing for *Literature News*.

During the period from 1936 to 1939, Szymel published six books based on translations from Yiddish. In addition, in 1938 he published the story "Where are you, Eve?" in *New Voice*. He gradually adopted Yiddish as a medium of expression, becoming a bilingual poet.

The spread of anti-Semitism throughout Europe, culminating in Hitler's rise to power, contributed to the proliferation of anti-Semitism in Poland. In "Anti-Semites," he wrote:

> On their way they broke windows with rocks,
> threatening the sky above the roof.
> A little, dark Jew escaped from the Yeshiva
> green from the Moon and drunk with fear.

Standing in solidarity with those who were beaten and frightened, he spoke to them directly in their own language, becoming one of them. His poem, "Don't Cry Little Boy" ("Wajn nisz jingele"), written after the pogrom in Przytyk, gained wide popularity.

Though his reputation had already been established as a Jew writing in Polish, he decided to write his poems to Jews in Yiddish, which he signed with his Hebrew name, Mosze (Moses). These poems were published in *Hajnt*, as well as in two monthly magazines, *Globus* and *Szriftin*. They were later published in 1936 as a collection entitled *Sadness in Me* (Mir iz umetil) and reprinted in 1937, demonstrating Szymel's increasing popularity.

In 1939, after the outbreak of World War II, he succeeded in escaping from Warsaw to his place of birth, Lvov. There, under Soviet occupation, he published his new Yiddish-language poems in *Soviet Literature* in 1940. When the Germans took over Lvov, Szymel became an office worker at the Judernat (a council representing the Jewish community in the German-occupied area) and eventually shared the fate of all Jews living in the city, perishing in the concentration camp in Janowski, in 1942. This account of his death is more widely accepted than the other, which holds that he was murdered in the Warsaw Ghetto.

Since his death, no book of his poetry has been published, either in Polish or Yiddish. His work has appeared only in anthologies, where personal as well as bibliographical information about him is reported to have often been incorrect.

Szymel's best-known poem, according to critics, is "Genealogia," which appeared in the two most prestigious and widely circulated anthologies published in Warsaw since Szymel's death: Stanislaw Grochowiak and Jaroslaw Maciejewski's 1973 *Polish Poetry* (Polish poetry written since the Middle Ages) and in Ryszard Matuszewski and Severyn Pollak's *Polish Poetry 1914-1939* (published in 1962). Szymel's inclusion in these anthologies represents an acknowledgement of his importance and a tribute to his memory.

Zew Szops translated two of Szymel's poems from Yiddish into Polish, including them in his 1980 anthology, *Anthology of Jewish Poetry*. Witold Dabrowski translated five of Szymel's poems, including the famous "To a Boy from a Jewish Town," which was included in Salamon Lastik and Arnold Slucki's *Anthology of Jewish Poetry* (1983).

Szymel's poems were translated and published in articles written about him in Poland by Arnold Slucki (1966) and in Israel by both Ryszard Low (1958 and 1960) and Natan Gross (1986). Also, in Israel, personal memoirs were written by Slucki (1969), Szymel's friend in Warsaw, and by Filip Istner (1974), who was his friend and fellow student at the gymnasium (high school) in Lvov.

His poems were translated into Hebrew and published individually in literary reviews and anthologies in Tel Aviv. These poems were translated by Dov Sadan (1936), A. A. Fajans (1937) and Gabriel Talpir (1938). Since it was before the war, Szymel most likely knew about these translations because he was a close friend of Sadan (Sztok), who often wrote in both Hebrew and Yiddish magazines about Szymel.

Szimszon Melcer translated and included four of Szymel's poems in his anthology, *Al Naharot*, published in 1956 and reprinted in 1977. Also, Mosze Basok translated and included three of Szymel's poems in his Hebrew anthology *Selected Jewish Poetry* (Miwchar Szirat Jidisz) in 1963.

The collection here is organized chronologically around various volumes of Szymel's poetry, selections from which appear under each title. This book represents the first collection of Maurycy Szymel's poetry in English translation.

In the process of experimenting with Szymel's poetry, we discovered that his art lends itself especially well to representation in spoken word form, with musical accompaniment. For this reason, we plan to eventually make available a CD with recordings of some of these poems, to further bring them to life. Interested readers are welcome to email us (gregorek@sbcglobal.net) for updates on the status of this project. In the meantime, a sampling can be found on YouTube, by searching with the first and last name of the poet, Maurycy Szymel.

ANIELA & JERZY GREGOREK
Woodside, California

The Shy Hand of a Jew

Nieśmiałą dłonią Żyda

POWRÓT DO DOMU
1931

RETURN HOME
1931

PRZYJAZD

Zasapany pociąg staje na stacji —
Z wagonu wprost na przełaj — przez łąki — do lasu
Idziemy do nowego domu na kolację.
Nie spieszymy się wcale. Mamy dużo czasu.

Nad łąką wisi wieczór czerwonym obłokiem
I brzęczą mgły komarów — żywe złote chmury —
Zielonym tryska trawa pod stopami sokiem,
Gdy długą, prostą miedzą idziemy pod górę.

Odpocznijmy na chwilę i spójrzmy za siebie:
— Jak dobrze na przebytą już drogę spozierać! —
Z daleka bieg pociągu znaczy się na niebie
Rdzawą smugą dymów podartych przez drzewa.

ARRIVAL

A panting train stops at the station.
We step down the train and head straight across meadows
to our new home in the forest for supper.
We're in no hurry. We have plenty of time.

Above the meadow a red cloud hangs in the evening
and fogs of mosquitoes drone, a living golden cloud.
When we walk up the hill along the verge,
grass bursts green juice beneath our feet.

Let's rest for a moment and look behind us.
How good it is to gaze at the road we've already passed.
From afar the rusty trail of smoke torn by trees
marks the train's course against the sky.

POWRÓT DO DOMU

Wracam do domu;
żadna się oczom moim furtka nie otworzy —
wracam do domu —
nade mną księżyc — bławe oko boże —

w powietrzu cicha woń kolorem zawieszona
srebrna i zielona
płynie do gwiazd —

jak cicho, jak mrocznie kołysze się las —

Wracam do domu —
niczyja nie uściśnie dłoń — mej dłoni
i nikt mojemu sercu nie pójdzie naprzeciw —
tylko brzoza liściem srebrnym zadzwoni,
tylko ptak spóźniony w mroku przeleci.

Nikomu smutków moich nie powierzę, nikomu;
sam powracam do pustego domu,
sam przy oknie stanę, otwarty do gwiazd,
gdy pod niebem w smugi mlecznych dróg pomalowanym
będzie dziwnie płakał śmieszny i dziecinny las.

Powiedz, że wszystko jest jak było,
że wszystko inne śniło mi się tylko, śniło —
powiedz, że w kuchni znów dzwonią talerze —
ja wszystkiemu uwierzę, ja wszystkiemu uwierzę.

Pachnie rosół złoty i zielony.
Zbliż się. Niech cię widzę, niech przy sobie czuję.

Taki już jestem zmęczony —
mamo, a co dziś na wieczerzę ugotujesz?

Powiedz mi, że wszystko jest jak było,
że wszystko inne śniło mi się tylko — śniło —

Ale nikomu nie powiem, nikomu,
że nie ma już mojego domu.

A RETURN HOME

I return home.
Not one gate opens to my eyes.
I return home,
above me the moon, God's light-blue eye.

In the air a quiet scent
rises to the stars,
silver and gold.

How quietly, how darkly the forest sways.

I return home.
No one's hand will shake my hand
and no one will meet me heart to heart,
only a birch tree will rattle with silver leaves,
only a late bird will pass by in the darkness.

I will not confide my sorrows to anyone, anyone.
Alone, I return to the empty house.
I stand at the window and open myself to the stars,
while under the sky smudged with the Milky Way
a whimsical and childish forest strangely cries.

Tell me that everything is as it was,
that everything else was only a dream, a dream.
Tell me that the plates clatter again in the kitchen.
I will believe in anything, anything.

The gold and green chicken soup smells.
Come closer. Let me see you, let me feel you near me.

I am so tired.
Mother, what will you cook for supper tonight?

Tell me that everything is as it was,
that everything else was only a dream, a dream.

But I will tell no one, no one,
that my home isn't there anymore.

NOTATKI AUTOBIOGRAFICZNE

Sny rozwieszone na sznurach w półciemnym pokoju.
Wieczory fantastyczne pełne niepokoju.

Kuchnia nakrapiana farbą w dziwacznych kolorach.
To przecież wszystko było. Niedawno. Prawie że wczoraj.

Dzbanki, konewki napełnione mrokiem.
Matczyne, ciche słowa, przyciszone kroki.

Ciemna, chrapliwa mowa: rynny, deszcz, ściany ociekające wodą:
Oto niedawna i smutna, sercu najdroższa młodość.

Dobrze było w kwietniu, gdy Paschy zbliżało się święto.
Trawnik pachniał niebem i miętą.

Na piecu kwaśniał barszcz w czarnym, brzuchatym garnku.
Pościel czerwona wietrzyła się na ganku.

Z najdalszej ulicy przychodził biały, spocony piekarz.
W dużym, płowym koszu przynosił mace — i czekał.

Uśmiechał się dziwnie. Był pochylony i siwy.
Mama dawała mu zwykle napiwek.

Słońce leżało w pokoju drgającym, jasnym kwadratem.
Wtedy poczułem jaką woń i słodycz ma słowo: kwiaty.

Ale nikt nie przynosił do domu bzu ani konwalii.
Tyle było kłopotów. Wszyscy pracowali.

Nikt nie umiał wymawiać słowa: z i e m i a —
Tylko bratu młodszemu na imię było Jeremiasz.

Siostry miały grube, czerwone palce.
Chodziły na wieczorki i tańczyły walca.

AUTOBIOGRAPHICAL NOTES

Dreams hang on ropes in a half-darkened room.
Fantasy evenings full of restlessness.

The kitchen sprayed with strange paint colors.
Everything was. Recently. Almost yesterday.

Jugs, pewter ware filled with dusk.
My mother's quiet words, her subdued steps.

The dark, grating speech of gutters, rain, walls dripping water —
My recent and sad youth dearest to my heart.

It was nice in April when Pesach was coming close.
The lawn smelled with sky and mint.

On the oven borscht soured in a black-bellied pot.
Red sheets aired on the porch.

A white, sweating baker used to come from the furthest street.
He brought matzoh in a big, faded basket — he waited

and smiled oddly. He was bent and gray.
Usually, my mother gave him a tip.

The sun lay like a white square in the trembling room.
That is when I felt how much fragrance and sweetness the word flowers has.

Yet, no one brought home lilacs or lilies of the valley.
There were so many problems. Everybody worked.

No one could pronounce the word: Earth —
only my younger brother's name was Jeremiah.

My sisters had fat, red fingers,
used to go to evening parties and dance a waltz.

Nie umiały łagodnie mnie głaskać.
Wychodziły bardzo wcześnie i późno wracały z miasta.

Wieczorami śpiewały smutne, polskie piosenki.
Przerabiały znoszone sukienki.

Ojciec późno wracał do domu. Gwizdał arię z „Toski".
Nie widział, że mama płacze, że gnębią ją troski.

Ojciec kochał panią z pierwszego piętra.
Nie modlił się w sobotę, nie obchodził święta.

Pani miała zielone oczy. Malowała obrazy.
Codziennie chodził do niej. Długo siedzieli razem.

W piątki, gdy na ulicy zamykano korzenny kramik,
Modliła się matka moja nad małymi, pokrzywionymi świecami.

W letnie sobotnie zmierzchy pustoszała izba,
Wszyscy siedzieli na przyzbach.

Przyczesane, umyte dzieci bawiły się na trawie.
Na progu drzemał kot i chudy, garbaty krawiec.

W sobotę plotkowała cała uliczka.
Wtedy dowiedziałem się, że pani z pierwszego piętra jest katoliczką.

Czasem babcia przychodziła rankiem.
Przynosiła miętowe cukierki i obwarzanki.

Mówiła śmiesznie po polsku: to można, tego nie można.
Babcia była bardzo pobożna.

Śmiała się z siostry, że krótką sukienkę nosi.
Babcia była już stara. Przyjechała do nas z Rosji.

Pamiętam jak czytałem jej mój pierwszy wiersz.
Babcia kiwała głową i śmiesznie wymawiała literę „r".

They didn't know how to caress me gently,
left early in the morning and came back late from the city.

In the evening, they sang sad, Polish songs
and altered worn out dresses.

My father used to come home late. He whistled an aria from "Tosco."
He didn't see that my mother cried, that she worried.

My father loved a woman from the first floor.
He didn't pray on Saturdays, he didn't celebrate holidays.

The woman had green eyes and made paintings.
He went to her every day. They sat together until late at night.

On Fridays, when the herb and spice shop on my street was closed,
my mother prayed over small, crooked candles.

On summer Saturdays the dusk emptied the rooms.
Everybody sat in front of the house.

Combed and washed children played in the grass.
A cat and hunchbacked tailor napped on the doorsill.

Saturdays everyone gossiped in the street.
This is when I found out that the woman from the first floor was a Catholic.

Some mornings my grandmother came.
She brought mint candy and pretzels.

She spoke comically in Polish: you can do this, you can't do that.
My grandmother was very religious.

She made fun of my sister, that her dress was too short.
She was very old. She came to us from Russia.

I remember how I read her my first poem.
She nodded her head and comically pronounced the letter "r."

Poza tym była surowa i zła.
Kochał ją tylko Jeremiasz — i ja.

Matko, w źrenicach twoich zamknęłaś młodość moją.
Wszystko zaczęło się dla mnie w twych oczach i w naszym pokoju.

W świat poszły siostry moje, w świat poszedł brat mój Jeremiasz,
Gdy oczy twoje nakryła przebaczająca ziemia.

Besides, she was strict and angry.
Only my brother Jeremiah and I loved her.

Mother, you closed my youth in your eyes.
For me, everything started in your eyes and in our room.

My sisters left home and then my brother Jeremiah left home
when the forgiving soil covered your eyes.

SOBOTA

Sobotnich świateł cicha nadeszła już pora,
A wciąż nad nami wieczór zgiełkliwy łomotał.
Coraz częściej spóźniamy się w piątkowe wieczory,
Choć czeka w świec poblasku staruszka — sobota.

Nie pomaga legenda, co nas szeptem woła,
Szeptem słów, w których pachnie nasza stara ziemia,
Na stole jest już ryba, jest wino, jest kołacz,
Tylko nas, zagubionych, przy tym stole — nie ma.

My gonimy po mieście, z życia — nieprzytomni,
Trwoniąc spokój świętości, ciszę sobót — tracąc;
Więc skryje matka oczy zmarszczonymi dłońmi
I gorzko nad drżącymi świecami — zapłacze.

Jakże ją pocieszyć, gdy na białym obrusie
Podaje nam rosół drżącymi rękoma;
Moglibyśmy chyba ją małą — udusić
W naszych mocnych, młodością nabrzmiałych ramionach.

Więc powiemy jej tylko, „że takie już życie",
że zgiełk zziajanych ulic nas światłem omotał —
Lecz teraz całujemy w pokornym zachwycie
Jej oczy, w których płonie najświętsza Sobota —

SATURDAY

The quiet time of Saturday's lights has already come,
but still above us the evening's tumult rumbles.
More often we are late for Friday evenings
even though Grandmother Saturday waits in candlelight.

The legend that calls us with a whisper doesn't help,
though the whispered words are scented with the smell of our old land.
There is fish, wine, and cake on the table,
only we, lost, are not there.

Senseless from life we chase through the city,
squandering the sacred peacefulness and losing Saturday's calm.
That's why, our mother hides her eyes behind her wrinkled hands
and cries bitterly over shivering candles.

How can I comfort her when she serves us chicken soup
on a white tablecloth with her trembling hands?
We could probably crush her
in our strong arms swelled with youth.

So, we just tell her, "this is life, now"
that the bustle of breathless streets entrap us with their lights.
And now, in humble awe we kiss her eyes
where the most sacred Saturday glows.

POŁÓŻ MI DOBRE SWE RĘCE NA WŁOSACH

Połóż mi dobre swe ręce na włosach
potargaj je zabawnie,
odezwij się szarym swym głosem —
już nie strząsnę z siebie twych rąk jak dawniej.

Może się uśmiechnę, może odpowiem wesoło
może znów będzie jasno w pokoju —
już nigdy nie zostawię rosołu,
który przyrządziłaś ręką swoją.

Wszystko zjem. Powiem, że bardzo smakował —
i nigdzie nie odejdę. Pozostanę z tobą.
Widzisz, ustawiam w tym wierszu najprostsze słowa,
byle móc mówić z tobą —

Bo chciałbym cię przeprosić za szorstkie, nieuważne pożegnania,
i za to, żem dla innych ust wzgardził twymi pocałunkami
i za to, że nigdy nie wypowiem mojego kochania —
twoimi słowami.

LAY YOUR GOOD HANDS ON MY HAIR

Lay your good hands on my hair,
ruffle it,
and speak up with your gray voice —
I will not shake your hands off as I did in the past.

Maybe I will smile, maybe I will answer happily,
maybe, again, it will be light in the room.
I will never again leave the chicken soup,
which you prepared with your hands.

I will eat it all. I will say it was delicious,
and I will never leave. I will stay with you.
You see, I arranged the simplest words in this poem
so I could talk to you —

because I would like to apologize for my harsh and uncaring farewells,
and for feeling contempt for your kisses because of someone else's lips,
and for never expressing my love
with your words.

DO...

Nie wolno mi o tobie pisać słowami własnymi —
matka moja nie umiałaby wymówić twojego imienia —
chociaż wspólny spożywamy chleb na jednej ziemi,
nie wolno mi o tobie śpiewać słowami własnymi.

Nigdy nie pokochasz braci moich na smutnych ulicach,
nigdy nie zrozumiesz niespokojnej mowy moich sióstr —
gdybym cały smutek mój i miłość w serce twoje wkrzyczał,
jedną dasz odpowiedź: ciepły dotyk twoich dziwnych ust.

Powiedz: jakie słowo, jaka siła zdoła cię przybliżyć do mnie;
czemu mijasz domy nasze i unikasz naszych przyzb —
jedno wiem: że ponad nami pnie się cieniem swym ogromnym
dumny, wielki, zimny krzyż.

TO...

I am not allowed to write about you in my own words.
My mother wouldn't be able to pronounce your name.
I'm not allowed to sing about you with my own words
even though we share bread from the same soil.

You will never love my brothers in sad streets
and you will never understand my sisters' anxious speech.
Even though I screamed my whole sadness and love into your heart,
you would give only one answer — the warm touch of your strange lips.

Tell me, what word, what force will bring you closer to me,
why do you pass by our homes and avoid our hallways?
I know one thing — a proud, high, and cold cross
climbs above our heads with its tall shadow.

BIBLIA NA STOLE

Na moim stole leży Biblia;
w Biblii szumią lasy cedrowe —
w ciepłej woni jej świateł
zmęczoną zanurzam głowę.

Na moim stole leży Biblia;
jej krętymi, srebrnymi ulicami
można zajść na szczyt
i spotkać się oko w oko — z gwiazdami.

Kominy nie zasłaniają nieba,
tramwaje nie głuszą szumu drzew —
tylko wsłuchać się, wsłuchać trzeba
w jej rzęsisty, daleki śpiew.

Wtedy do ust, do oczu, do rąk
przypływa niebo i ziemia —
późną wieczorną porą
smutek się w radość zmienia.

Na moim stole roją się miasta,
chwieją się drzewa, szumią wody —
zorza upiększa głazy na piaskach
emalią kolorowej pogody.

Na drzewach zakwita wieczór
najsoczystszym, najsłodszym owocem —
jak dobrze, jak dobrze być sobą
w bliskie biblijne noce.

Przyszła do mnie moja ojczyzna,
płynącymi przyszła obrazami —
obnoszę ją w moich wierszach
prostymi, rzewnymi słowami.

A BIBLE ON THE TABLE

In the Bible on my table
a cedar forest rustles —
I bury my tired head in
the warm fragrance of its light.

In the Bible on my table
I walk to the highest peaks
and meet stars eye to eye
on serpentine, silver streets.

Chimneys don't hide the sky,
tramways don't drown the rustle of trees —
I only need to listen
to the downpour of their faraway song.

Then, earth and sky come
to my lips, eyes, and hands,
and in the late evening
sorrow changes into joy.

On my table cities swarm,
trees sway, water hums —
a rainbow lays its enamel across boulders
sitting in sand.

The evening trees blossom
with the juiciest, sweetest fruit.
How good, how good it is to be myself
in these intimate, Bible nights.

My homeland comes to me
flowing with pictures —
I show it in my poems
in simple, tender words.

NOCE BIBLIJNE

Zagubiłem się w twych czarnych słowach;
Trudno mi od ciebie odejść.
W nocy szumią twoją mroczną mową
Rozwichrzone winnice, kędzierzawe ogrody.

Stare drzewa porastają liściem świeżym,
Łąki falą kładą się zamgloną —
Witam was, ogorzali pasterze
Z Galilei, z Samarii, z Saronu.

Jak bardzo pachnie ta ziemia,
Jak bliska jest sercu i oczom —
Pozwólcie mi nocni pasterze
Przy was odpocząć.

Z gór spływa noc wysoka,
Noc najpiękniejsza w świecie —
Tobie ojczyzno proroków
Idę naprzeciw.

BIBLE NIGHTS

I'm lost in your black words.
It's difficult for me to leave you.
At night your dusky speech rustles through
disheveled vineyards and gardens.

Old trees grow fresh leaves,
rolling meadows lay in fog —
I welcome you, burned by sun shepherds
from Galilee, Samara, and Saran.

How strong the fragrance of this soil is,
how close to my heart and eyes —
night shepherds,
let me rest beside you.

From the night mountains flow down,
the most beautiful night in the whole world —
I walk toward you
homeland of Prophets.

NAMIOTY IZRAELA

I

Jak piękne są twoje namioty Izraelu,
bracie, ciągnący ulicą, zakurzony, ładowny wóz;
na brodzie twojej zawisa szronu zastygłą bielą
ostry, kłujący mróz.

Jak piękne są twoje namioty Izraelu,
bracie, którym trakt wyboisty trzęsie,
bracie z Pawiej, z Nalewek, z Gęsiej,
handlujący mąką nie swojej ziemi,
bracie, który rękami drżącemi świętych dotykasz rodałów;
to ty od wieków wielu
najsmutniejszą powtarzasz twarzą:
„Jak piękne są twoje namioty Izraelu!"

II

A przecież nie ma nieba nad twoją pochyłą głową
i czworościenny twój namiot nie trzepoce świeżością wichrów:
niebo nad tobą ucichło,
ale ziemia krzykiem zaprzecza twym słowom
i gna cię szlaków rozłożystych dalą
od miasta do miasta,
od ziemi do ziemi,
a ty słowami cichemi
chcesz zator uczynić falom
i śpiewasz jak zawsze od wieków wielu:
„Jak piękne są twoje namioty Izraelu!"

III

Bracie siedzący w ciemnym sklepiku na Dzikiej,
bracie co wrastasz na rynku w ośnieżony, pochyły stragan,
módl się wraz ze mną o wiosnę, o wielki módl się huragan,
słowami cichymi jak szare, dalekie słowiki.

Bo wiosny nam trzeba, wiosny, wybawiającej od śniegu,
bo nieba naszego nam trzeba, jak chleba powszedniego —
do twych przemarzłych nóg słowa się moje ścielą:
Jak smutne są nasze namioty, o bracie mój Izraelu.

ISRAEL'S TENTS

I

How beautiful your tents are, Israel,
my brother, dragging a dusty, loaded wagon through the streets;
rime-spiked, needlelike frost
hangs from your beard.

How beautiful your tents are, Israel,
my brother whom the rugged road shakes,
brother from Pawia St., Nalewek, and Gesia St.
. trading flour from a foreign soil,
my brother touching the sacred scroll with shaking hands.
It is you who repeats for many centuries
with the saddest face:
"How beautiful your tents are, Israel!"

II

After all, there is no sky above your bowed head
and your square tent doesn't flutter with fresh wind.
The sky above you became silent
but the earth's scream denies your words
and chases you through faraway paths,
from town to town,
stretching from land to land.
You want to block the waves
with quiet words,
and as always you sing for many centuries:
"How beautiful your tents are, Israel!"

III

My brother sitting in a dark shop on Dzika St.,
my brother growing into a snow-covered, crooked stand at a market,
pray with me for spring, for a grand storm
with words quiet like a gray, faraway nightingale.

Because we need spring to free us from snow,
because like our ordinary bread we need our sky —
my words spread to your frostbitten feet:
How sad are our tents, Oh! my brother Israel.

BALLADA O GŁUPCACH Z CHEŁMA

Srodze się zatroskali chasydzi miasta Chełma,
bo oto się w chmurach brodatych ukryła miedziana pełnia.
Rozkazał więc rabbi Issachar wszystkie dziś siły wytężyć,
by nocy tej wreszcie odnaleźć modlitwie potrzebny księżyc.
Więc rozbiegli się po skośnych ulicach
i szukali księżyca —
Więc na krzywe wyłazili dachy,
wydłużali szyje
i w niebo patrzyli ze strachem,
gdzie były tylko gwiazdy.

Ktoś długi i chudy wykrztusił słowo: cmentarz;
sza!
tam — czarne drzewa i groby wyklętych
straszą!

A szamasz w rudą drapiąc się bródkę:
„a może księżyc się ukrył za starym beth-hamidraszem?"

Więc na palcach po cichutku
zmurszałą okrążali bóżnicę —
ale nie było księżyca;
był mrok przylepiony do wąskich, wysokich okien.
A siwy, garbaty krawiec,
co mieszkał opodal:
„może jest w stawie!?
księżyc przecież lubi wodę!?"

lecz w stawie mokły obłoki

Wtem zadyszany bachur
z chełmskiego jeszybotu:
„jest! jest! — w studni —
okrągły! — złoty!"

A BALLAD ABOUT THE FOOLS FROM CHELM

Chasids from Chelm were terribly concerned
because the copper, full moon hid in the bearded clouds.

Therefore, Rabbi Issachar ordered them to do everything
to find the moon which they needed that night so they could pray.

They dispersed all over the slanting streets
to look for the moon — crept onto the crooked roofs,
stretched their necks, and looked with fear into the sky
where there were only stars.

Someone long and thin uttered the word: cemetery,
Sha!
There — black trees and the graves of the condemned were terrifying.

A shamish, scratching his red beard said,
"Maybe the moon hid himself behind the old bet ha-midrash?"

So, they tiptoed around the crumbling synagogue —
but there was no sight of the moon;
there was only dusk glued to narrow, tall windows.

A gray hunchback, a tailor who lived nearby proposed,
"Maybe he is in the pond? After all the moon likes water?"
But only the clouds were soaking in the pond.

Then a student from Chelm's Yeshiva screamed out of breath,
"He is! He is — in the well — round! Golden!"

— W studni się ponoć utaił księżyc w miedzianej pełni,
więc w długich, czarnych kapotach, pokracznie wydętych na wichrze,
do starej studni na rynku idą chasydzi Chełma,
świec trzepocące płomienie bladymi dłońmi nakrywszy.

Nad cembrowiną zarosłą mchem śliskim i tłusto rudawym
pochyliły się głowy brodate i oczy się wpiły aż do dna.

Z warg śpiewnym szmerem spłynęły wersety błogosławieństw
do złotej wody, gdzie księżyc płaszczył się w śmiechu pogodnym.
A po modlitwie — w obawie, by snadź im miesiąc nie uciekł,
mozoląc się srodze wtoczyli na studnię ogromny kamień
i zacierając ręce,
podrygując i mrucząc,
rozbiegli się chyłkiem skośnymi ulicami.

A rano szedł rabbi Issachar z starszymi gminy przez miasto,
na rynku piały koguty,
stały fury
i sprzedawano kury, jaja i masło.

Lecz jakież było zdziwienie światłych chasydów z Chełma,
gdy odwalając kamień, studnię przygniatający,
znaleźli w wodzie —
miast księżycowej pełni —
— Słońce — !

Apparently, the moon in his copper fullness camouflaged himself in the well.
They walked with their long, black cloaks grotesquely swelled
by the wind to the old well in the market place, Chasids of Chelm —
sheltering the candles' fluttering flames in their pale hands.

Under the moss-covered frame, which was slippery and reddish-fat,
they bent their bearded heads,
and sank their eyes deep into the bottom of the well.

From their lips verses of praise started to float to the golden water
where the moon lay, flattening in joyful laughter.
After prayers — apparently afraid the month would get away,
they labored to roll an enormous rock over the well.
Rubbing their hands they dispersed, sneaking away
through the slanting streets, skipping and murmuring.

In the morning Rabbi Issachar walked with the elders
through the town — already on the market square the roosters crowed,
cartloads were standing, chickens, eggs, and butter were sold.

But how astonished were the erudite Chasids from Chelm,
when they rolled off the rock which pinched the well,
and found in the water —
instead of the full moon —
— Sun —!

WIERSZ SMUTNY

Tak trudno budować ojczyznę ze słów niewymyślnych, z niczego —
Daj mi mój stary Boże własne, najbliższe niebo;

Palmy nie dadzą słowom rozczapierzonych cieni —
i wiem, że nic nie pomogą, że nic się już nie da odmienić.

Jak trudno w wierszu wymyślić niebo dalekie i drzewa,
Gdy szumi za oknem i pluszcze polska jesienna ulewa.

Wróciłem z mokrej ulicy do pustego, ciemnego pokoju —
I znów napadły mnie słowa zamglone jak oczy moje.

I trudno przez nie patrzeć i trudno przez nie widzieć;
Po Smoczej, smutnej ulicy chodzą zgarbieni Żydzi.

Tak trudno uwierzyć dziwom słów Ezechiela, Amosa,
Że ongiś wiatry pachnące przewalały się po kłosach.

Tak trudno poddać oczy najradośniejszym kłamstwom,
Że po jasnym, po bujnym polu chodził brązowy Samson.

O stary, piękny Boże, co władasz słowem jak ziemią,
Zaczaruj mnie, zasnuj całego cienistym, palmowym marzeniem.

Nie pomogą okna zasnute, nie pomogą światła przyćmione,
To nie wozy Dawida dudnią, to tramwaje, tramwaje czerwone.

To nie grzmoty puzonów, nie płomień trzepoczący w półmroku ołtarza —
To tylko słowa, słowa, które w ciemności powtarzam.

A SAD POEM

It is so difficult to build a homeland from simple words, from nothing —
My Old God, give me my own, most intimate sky.

Palm trees don't disperse their shadows to words —
and I know that I can't help, that nothing can be changed.

How difficult it is for a poem to imagine a faraway sky and trees
when behind this Polish window, autumn rains spatter and splash.

I returned from a wet street into this dark, empty room —
and again words like my clouded eyes attacked me.

It is difficult to look through them and see
the hunched Jews walk on Smocza Street, on a sad street.

It is so difficult to believe Ezekiel and Amos's words of wonder
rolled over spikes of wheat like a fragrant wind.

It is difficult to let my eyes believe the most joyful lie
that a brown Samson walked over a bright and fertile field.

Oh, beautiful God who wields with a word as with the Earth
cast a spell over me and cover me with a shaded palm dream.

But moist covered windows and darkened lamps won't help.
It isn't David's wagons that rumble; only trams, red trams.

It isn't a trumpet's blast or a flame flickering on a half dark altar.
It is only words, words that I repeat in darkness.

OJCZYZNA, KTÓREJ NIE WIDZIAŁEM

Choć nie wiem, jakie na niebie twym wschodzą kolory
i jaki zapach ma chleb dobyty z twej ziemi,
przyzywam cię w dalekie, samotne wieczory
słowami smutnemi.

Nie wiem nawet jak szumi deszcz
wśród twoich drzew i chat —
a przecież tam się zaczyna i kończy mój świat,
a przecież czuję twą woń i wilgoć twoich traw;
ziemio nieznana a przeczuwana,
zbliż mnie do siebie i zbaw.

Bo na źrenic moich zwierciadła
noc twoja kiedyś upadła
jak zielony, pachnący cień —
a teraz z głębi powraca szumem, wonią, kolorem;
w słonecznym rozkołysaniu
drzew, śpiewów, nieba i traw —
ziemio nieznana a przeczuwana
zbliż mnie do siebie i zbaw.

THE HOMELAND I HAVEN'T SEEN

Even though I don't know what colors climb your sky
and what aroma bread has pulled out of your soil,
I call you with sad words on distant and lonely evenings.

I don't even know how the rain spatters
amongst your trees and huts —
still, my world begins and ends there,
I smell the fragrance and moisture of your grass.
Unknown but felt land
bring me closer to you and redeem me.

Because one day your night fell onto my pupils
like a green, scented shadow,
and now it comes back from the depths
with a rustle, scent, and color;
in the sway of trees full of sunshine,
singing, sky, and grasses,
unknown but felt land
bring me closer to you and redeem me.

ELEGIA DO ZIEMI POLSKIEJ

Dałaś mi chleb Twój i spokój, dałaś mi niebo nad głową —
Z jodeł Twych miałem kołyskę, z lip Twoich mieć będę trumnę —
A przecież nie Ciebie śpiewam Twoim urodnym słowem
Ojczyzno nie moja, a droga — ziemio, na której umrę.

Widzę Cię nocą za oknem w gwiazd Twoich świetle łagodnym,
Jak pasem ciemnych zagonów cienie faliste przerzucasz —
Ty oczom moim wybaczysz, że się oderwać nie mogły
Od innej, dalekiej ziemi, do której może — nie wrócę.

I przyjmiesz w siebie łaskawa, utulisz śniegiem cmentarnym
Jak dziadów moich przyjęłaś, jak braci jeszcze przyjmiesz,
Pomnąc, że ongiś wygnańców pod skrzydła swoje przygarnął
Twój wielki, mądry gospodarz, twój dobry król Kazimierz.

AN ELEGY FOR THE POLISH LAND

You gave me bread and peace, you gave me the sky above my head —
I had a cradle made out of your fir trees, from your lindens I will have my coffin.
I don't praise you with your beautiful words
you are not my country, but the dear land in which I will die.

At night I see you through the window in your stars' gentle light,
shifting shadows across the waves of ploughed fields.
You will forgive my eyes for not losing sight
of a different, faraway land, to which I might not return.

And you will receive me generously, comforting with cemetery snow
like you did my grandfathers, like you will my brothers,
remembering that once your great, wise master,
good King Kazimierz, took the exiles under his wings.

ZIEMIO...

Dlaczego masz wiosny, których nie zapomnę,
Dlaczego masz halne, woniejące lata —
Patrz, chodzę pijany podziwem ogromnym,
Bo mnie czar twój najsłodszym brzemieniem przygniata.

Krew moja pełna twoich sadów śpiewem,
Szumi jak Wisła — zachwyceniem zdrowa —
I doprawdy, że szczęściem zachłyśnięty — nie wiem
jakby moją radość roztrzepotać w słowa.

Nie miej takich nocy upalnych gwiazdami!
Moje oczy upite mrużą się i — boją,
Bo gdy kiedyś mnie krasą twych świtów omamisz,
Gotów wyć jestem z bólu, że nie jesteś — moją!

EARTH...

Why do you have springs that I won't forget?
Why do you have fragrant, mountain summers?
Look, I walk drunk with admiration
because your charm crushes me with its sweet weight.

My blood is full of your orchards' singing
it murmurs like the Wisla River — healthy with fascination.
Choked with happiness I don't know
how to flutter my joy into words.

You shouldn't have such nights sweltering with stars
because my intoxicated eyes squint and are frightened.
If one day you delude me with your beautiful dawns,
I will howl in pain that you are not mine.

SKRZYPCE
PRZEDMIEŚCIA
1932

SUBURBAN VIOLIN

1932

MUZA NA PRZEDMIEŚCIU

Lasciate ogni speranza, voi ch'entrate

I

O, pozwól miła moja ekscelencjo,
Że cię zapoznam z moją rezydencją;
To tutaj właśnie. W tym domku małym.
Tak. Lwia, numer szesnasty —

Tutaj mieszkałem —
Pod tym dachem krzywo-kanciastym.

Unieś, unieś wyżej suknię bladą,
Przestępując ten sczerniały próg —
Tyle pozostało tutaj śladów
Zabłoconych i obrzękłych, bosych nóg.

A to jest sień, gdzie wiatr się z wiatrem spotykał:
Jeden z ulicy, a drugi z podwórza —
Tu gwizdałem pod księżyc arię z Cyrulika
I marzyłem o tobie, o morzu i o różach.

A róże były daleko i ciebie jeszcze nie było,
Tylko się mleko wiosenne na rdzawej kuchni prażyło
I alfons bił na ulicy niesforne swoje kochanki,
Gdy zapalały się wokół małe, naftowe lampki.

II

A to jest mur, a za nim sad klasztorny,
Skąd szum dochodził nocą wilgotną i głuchą.
Nie bój się, o pani, tej ciszy wieczornej
I nie bój się tej sieni, ciepłej od zaduchu.

Bo pomyśl, miła: tutaj, jak i wszędzie
Jest śmierć i życie, miłość i nienawiść —
I nigdy już i nigdy inaczej nie będzie.
Od życia i od śmierci nic nas nie wybawi.

THE MUSE IN THE SUBURBS

Lasciate ogni speranza, voi ch'entrate

I

Oh, let me my kind excellency
introduce you to my residence.
It is here. In this little house.
Yes, number sixteen on Lwia Street —
I lived under this
crooked and angular roof.

Lift, lift your pale dress higher
as you cross this blackened doorstep
on which so many muddied and swollen feet
have left their footprints.

This is the hallway where winds used to meet,
one from the street, the other from the backyard.
Here, under the moon, I used to whistle an aria from Cyrulik
and dream about you, the sea and roses.

But the roses were far away, and you were not here yet,
only spring milk that burned on the rusty stove
and a pimp who beat his resistant lovers on the street
while little oil lamps were lit all around.

II

Here is the wall, and behind it the convent's orchard
from which whispers used to come on a quiet and humid night.
Oh, lady, don't be afraid of this evening's silence
or this hallway warm from stuffiness.

Just think, my kind lady. Here, as everywhere,
is death and life, love and hate —
And never, never, will it be different.
Nothing will save us from life and death.

MOJA MATKA

Ty, matko, nigdy się nie śmiejesz
I musisz wstawać, gdy tylko zadnieje;
I ręce masz popękane,
zaczerwienione, poodmarzane.

Krzywą, wyboistą uliczką, pełną ptasiego krzyku,
Schodzisz do korzennego sklepiku;
Idziesz powoli, powoli z kobiałką w ręku
I tylko wiatr i tylko wiatr
Bawi się twoją szarą, łataną sukienką.

MY MOTHER

Mother, you never laugh,
your hands are chapped,
frostbitten red
and, still, you have to get up at dawn.

You go down to the grocer's shop
by the crooked, cobblestoned street,
that fills with the shriek of birds.
You walk slowly, a white basket in your hand,
and only wind, only wind
plays with your gray, patched dress.

MATKA ROZPALA OGIEŃ

Zwyczajna rzecz. Mróz.
Matka wsuwa pod kuchnię wilgotne polana;
Przysiadła na kolanach
I chucha w ogień z posiniałych ust.

Ale nie idzie. Dym wraca.
Wybucha kłębami z zasmolonych drzwiczek.
I nic nie chce wiedzieć o jej bezradnej rozpaczy
Pełgający po drzewie płomyczek.

Więc jeszcze wiązkę smolaków i czekać, aż się rozżarzy,
Aż ogień cieniem czerwonym
Oświetli uśmiech zmęczony
Na jej pożółkłej twarzy.

MOTHER LIGHTS THE FIRE

A simple thing. Frost.
Mother pushes damp logs into the stove.
She kneels and blows air
from her purple lips into the fire.

But it doesn't work. Only smoke comes back,
puffing through soot black doors.
And the glimmer
doesn't want to know
about her helpless despair.

She adds resinous wood and waits
until it becomes a flame
and red shades illuminate
her tired smile,
her yellowed face.

MATKA GDERA

Zaczęła mama gderać
W wieczór dzwoniący słowikiem:
„Dość już. Przestań być dzikim.
Co ja się, biedna, naczyszczę, naharuję, nasapię,
A on mi wszędzie brudzi. Na stołach, na krzesłach, na kanapie,
Wszędzie papier i papier.
Spójrz. Cała ściana atramentem zawalana.

Siedzisz i piszesz od samego rana,
Wiersze wymyślasz, nie wiedzieć dla kogo i po co,
Kiwasz się, mówisz do siebie, potem sypiać nie możesz nocą —
Ej, chłopcze, chłopcze dziki” —

Tak mówiła do mnie mama w wieczór dzwoniący słowikiem.

Ale właśnie w tej samej chwili
Niósł się księżyc po ciepłym niebie
I z drzewa się nade mną pochylił
I wołał do siebie —
I samopas biec mi kazał po ulicy,
I płakać, i śmiać się, i gwiazdy liczyć.

Więc wzdychała w głębokie wieczory matka moja cichutko,
A ja nie mogłem wtedy pojąć jej wielkiego, prawdziwego smutku —
I dalej byłem dziki.
I biegłem w wieczory dzwoniące słowikiem,
I wyłem, że nie umiem gwiazd, ani księżyca wysłowić,
Biegłem, biegłem po ulicach — z księżycem na głowie.

MY MOTHER NAGS

On an evening trembling with nightingales,
my mother began to nag.

"It's enough. Stop being so wild.
No matter how much I clean, toil, huff and puff
you make messes everywhere. On the table, chairs, and sofa,
there is paper, paper, paper.
Look! The whole wall is soiled with ink.

You sit and write from early morning,
make poems, who knows for whom and why?
You nod, talk to yourself,
then you can't sleep at night —
You wild, wild boy."

That's how my mother used to talk to me
in the evening trembling with nightingales.

But at the same moment
the moon carried itself across the warm sky,
leaned over from above a tree,
and called.
It ordered me to run madly through the streets,
cry and laugh and count the stars.

So, my mother sighed on long evenings,
and I couldn't understand her great, keen sadness,
I was still so wild,
I ran in the evenings trembling with nightingales,
cried out that I don't know how to express the stars or moon.
And I ran, ran on streets, with the moon on my head.

WIECZÓR NA MOJEJ ULICY

Chwieją się w świecach ściany odrapane,
Mrużą się oczy matki niewyspanej,
Pachnie herbatą, rybą i kołaczem;
Można wyjść wieczorem pod gwiazdy na spacer.

Kulawy krawiec okna już zamyka —
W szynku Walkiera płacze harmonijka,
Głuchy kataryniarz zdrzemnął się na progu —
Cicho jest na rynku i nie ma nikogo.

O, Boże krzywych ulic, opuszczonych wozów,
Dyszlów połamanych, śmietnisk i nawozów —
Boże murów zmurszałych i mokrych od pleśni,
Daj nam spokój wiosenny i szum leśny we śnie.

Na dachy spływa rtęcią srebrliwość księżyca,
U wylotu ulicy modli się bóżnica.

AN EVENING ON MY STREET

Peeling walls shimmer in candlelight.
My mother's tired eyes squint.
It smells of fish, tea, and cake.
In the evening we can go out for a walk under the stars.

The limping tailor closes his windows.
A harmonica wail is heard from Walkier's pub.
A deaf organ grinder has fallen asleep on the porch.
The market is quiet and empty.

O, God of crooked streets, abandoned wagons,
broken shafts, scrap-heaps, and manure;
God of musty and moldy walls
give us Spring silence and a forest murmuring in our dreams.

The moon's silver flows over the roofs like mercury,
at the end of the street the synagogue prays.

O STARUSZKU TĘSKNIĄCYM

Siedzi pod starą bóżnicą zgarbiony, zawszawiony
I patrzy w ciche niebo słońcem zaczerwienione.

Grają ćwierkliwie kasztany, bzykają muchy na szybach,
Jest piątek i pachnie kołacz, cynamon tłuczony i ryba.

Lecz Pan Bóg chleba poskąpił, a tęsknot dał bez miary,
Więc wilgotnieją oczy i tłucze się serce stare.

– Rzewność ogarnia ponoć zwyczajny nawet kamień —
Gwiazdy, jak w Księdze Królów, wschodzą nad kopułami.

Lecz krzyża wśród kopuł nie widzą oczy w marzeniu bezbrzeżnem,
A uszy dzwonów nie słyszą z kościoła Marii Snieżnej —

Król Dawid żyje i śpiewa, srebrną łyskając zbroicą
I palmy jak na obrazku kołyszą się w księżycu.

Kiwa staruszek głową i łzy mu z oczu płyną,
Bo w ciepły zatęsknił wieczór za złotą Jerozolimą.

ABOUT THE OLD MAN LONGING

He sits beside the synagogue, hunchbacked, infected with lice,
and looks into the quiet sky blushed red with sun.

The chestnuts chirp, flies buzz on the windowpane,
it's Friday and the aroma of cake, ground cinnamon and fish is in the air.

But God stinted him a piece of bread, and gave him boundless longings,
so his eyes grow moist and his old heart flutters.

Supposedly, even a stone gets sentimental.
Stars, as in the Book of Kings, rise above the domes.

But his eyes, lost in dreaming, don't see the cross among the cupolas,
his ears don't hear the bells from the Church of Snowy Maria.

King David lives and sings, shines with silver armor,
and the palm trees, as if in a picture, sway in the moonlight.

The old man nods his head and tears stream from his eyes
because this warm evening he longs for golden Jerusalem.

ANTYSEMICI

– Z rodakiem niech się łączy każdy prawy rodak —
Zaryczeli pod drzwiami, lecz nikt nie otwierał —
Więc Jośka cherlawego obili na schodach,
A potem poszli pijani pod dom Goldwasera.

Po drodze kamieniami wybijali szyby,
Wygrażając niebu ciemnemu nad dachem —
Z jeszybotu uciekał mały, czarny Żydek,
Zielony od księżyca i pijany ze strachu.

ANTI-SEMITES

Let every fellow citizen join other rightful fellow citizens —
they roared at the door, but nobody opened it,
so they beat up sickly Yussel on the stairs
and, then, went drunk to the Goldwasser's home.

On their way they broke windows with rocks,
threatening the sky above the roof.
A little, dark Jew escaped from the Yeshiva
green from the moon and drunk with fear.

O SOBOCIE UTRACONEJ

Z ubielonej kuchni bił pod powałę opar wesoły,
Pas zachodzącego słońca na oknie się rozpinał;
W pokoju pachniało marchwią i rosołem,
W żelaznych garnkach bulgotały kartofle w łupinach.

Wyczyszczone lichtarze płynnym syciły się złotem
Od zorzy, spływającej po wilgoci szyb;
Bramą od podwórza zajeżdżał z turkotem
Krępy, ospowaty tragarz, przysadzisty jak grzyb.

I grzybami pachniały ręce matki pomarszczone,
I wodą od ryb zmąconą i wonią suszonych śliwek;
Wracał brat, wracały siostry zmęczone,
Na wpół senne i na wpół szczęśliwe.

Bo od świec trzepocących cieniami stawało się w pokoju ciszej
I głęboko pachniała wiosna na krzywej, przyćmionej ulicy —
I gdy się usiadło na progu, można było usłyszeć
Niebo wyczesane wiatrem, umyte księżycem.

Ale dziki, niesforny chłopiec uciekał wtedy z pokoju
Pod gwiazdy, rozsypane po krzywych, blaszanych dachach,
Bo wtedy nie rozumiał, bo wtedy jeszcze nie pojął,
Że bliski sercu był tragarz, był krawiec z parteru i blacharz.

I że bliski był stół pod łatanym obrusem i krzesło ubogie,
I rosół o złotych okach w wyszczerbionym talerzu,
Kisnące wino z rodzynek i trzaskający pod kuchnią ogień
I zapach palonej kawy tłuczonej w mosiężnym moździerzu.

Wszystko było bliskie. A dziś nawet w tym wierszu najprostszym
Nie można wrócić do domu, który się oddalił,
Nie można zasiąść do stołu przy braciach, przy siostrze,
Gdy nie ma już komu świeczek sobotnich zapalić.

ABOUT LOST SABBATH

Trails of smoke glowed to the ceiling from the white stove,
the griddle of sunset stretched across the window.
The room was filled with the smell of carrots and chicken soup,
potatoes in their skins bubbling in iron pots.

A polished candelabra, filled with the liquid gold
of evening, flowed through the humid window.
A stocky, pockmarked deliveryman, squat like a mushroom,
rumbled through the backyard gate.

My mother's wrinkled hands smelled of mushrooms,
muddy fish water, and dried plums.
My brother returned home, and my tired sisters, too,
half-asleep and half-joyous.

The shadows of flickering candles made the room more quiet,
and there was deep Spring fragrance on the dark, uneven street.
When I sat on the threshold I could hear
the sky brushed by the wind, washed by the moon.

But a wild, unruly boy used to escape from the room
under stars that spilled on crooked, tin roofs,
because he didn't understand, because he couldn't comprehend
that the deliveryman was close to his heart, the tailor from the first floor, and the tin man.

And that the table under the patched tablecloth was close, and the shabby chair
and chicken soup with golden eyes in a jagged plate,
the fermenting wine from raisins, the crackling fire in the kitchen stove,
and the aroma of roasted coffee ground in the brass mortar.

Everything was close. And today, even in this most simple poem,
there is no way back to the home which faded away,
to the table beside my brother and sisters,
nobody to light the Sabbath candles.

KOŁYSANKA MOJEJ MATKI

Pani Tosi A.

Obiecywałaś mi, matko, konia i szablę, i rower,
Bylebym tylko zasypiał w długie wieczory zimowe —
I kozę, całą ze złota, i podróż morzem — do cioci...

Śmiały się pewnie wtedy ściany pełne wilgoci
I szyby się pewnie śmiały, i łóżko, i stół, i konew,
I śmił się twój śmieszny czepek ze starych, spłowiałych koronek;

Bo ściany i okna, i drzwi, choć stygły w wieczornym milczeniu,
Wiedziały, że nic mi nie kupisz na wiosnę ani jesienią,
Że rower i koza, i okręt — to smutny, niezgrabny wymysł,
Że ciężką mieliśmy jesień i ciężką będziemy mieć zimę.

A ja widziałem we śnie rower i okręt, i morze,
I nie wiedziałem, że płaczesz i że mi nic nie pomożesz,
Że oknem i ścianą, i drzwiami parł ostry mróz do pokoju
I zasypywał szronem kulawą kołyskę moją.

A ty mi obiecywałaś rodzynki i migdały...

Dziś tylko twoje łzy mi na rękach pozostały.

MY MOTHER'S CRADLE SONG

For Mrs. Tosi A.

Mother, you promised me a horse, a sword, and a bicycle,
if only I fall asleep during long, winter evenings —
and a golden goat, and a journey beyond the sea — to my aunt.

I am sure that the damp walls laughed then,
and for sure the windowpanes laughed, and the bed, table, and milk-pot,
and your funny cap made out of old, faded lace.

Because even though they cool in the evening silence, walls, windows, and doors
knew that you would buy nothing in spring or autumn,
that a bicycle, goat, and a ship are only sad, clumsy inventions,
that we had a difficult autumn, and winter will be just as hard.

But I saw in my dream a bicycle, a ship, and the sea.
And I didn't know that you cried and wouldn't be able to help me
when sharp frost pressed into our room through the windows, walls, and doors
and covered my rickety cradle with white frost.

And you promised me raisins and almonds.

Today only your tears are left on my hands.

WIECZÓR LIRYCZNY

1935

LYRICAL EVENING

1935

ROZMOWA PRZEZ ŁZY

Obudził mnie nocą twój płacz,
Przywołały mnie do ciebie twoje łzy.
Poprzez ciemność całuję twój płacz,
Poprzez ciemność spijam twoje łzy.
– Czemu płaczesz, powiedz, powiedz mi.

Poprzez ciszę, której nie obudzi nic,
Poprzez ciemność, której nie przeniknie nic.
Spłakanymi wyszeptałaś wargami
W mrok, który stał między nami:
– Śniło mi się, że mógłbyś beze mnie żyć.

I choć bolał mnie twój cichy płacz,
Choć parzyły twoje gorzkie łzy,
Ust twych już nie całowałem,
Twoich łez już nie spijałem,
Poprzez pocałunki, mrok i łzy
Milczałem.

TALKING THROUGH THE TEARS

Your cry woke me up at night,
your tears called me.
Through the darkness I kiss your cry.
Through the darkness I drink your tears.
Why do you cry? Tell me, tell me.

Through silence that nothing can awaken,
through darkness that nothing can pierce,
into the dimness that stays between us
you whisper with lips swollen from crying:
— I dreamt that you could live without me.

Even though it is painful to hear your quiet weeping,
even though your bitter tears burn my skin,
I don't kiss your lips,
I don't drink your tears.
Through the kisses, darkness and tears
I keep silent.

NA DOBRANOC

W letnie rano łączą nas czereśnie,
Stół i ogród, uśmiech, wiersz i łza —
– Jak samotna jesteś, droga, we śnie,
– Jak samotny we śnie jestem ja.

Ktoś nam nie pozwala być we dwoje
I rozłącza nas jak głębia wód;
Choć przy sercu bije serce twoje,
Odpływamy: ty na zachód, ja na wschód.

Lecz się nie martw. Powiem (choć za wcześnie),
Słuchaj mądrze i nie lękaj się:
Kiedy wejdziem w ogród, w wiatr, w czereśnie,
Będziem wiecznie razem — w jednym śnie.

FOR "GOODNIGHT"

On a summer morning cherries bind us,
table and garden, smile, poem and a tear.
How lonely you are, my dear, in your sleep.
How lonely I am in mine.

Someone doesn't allow us to be together,
separates us like an abyss of water.
Even though my heart beats beside yours
we swim apart: you to the West, I to the East.

But don't worry. I'll say (though maybe too early)
listen wisely and don't be afraid:
When we walk into the garden, into wind, and into cherries,
we'll always be together in one dream.

KOBIETA I JAZZ-BAND

Projekt tekstu do fokstrota

Przymilnie proszą skrzypce: śpij.
Lecz ona oczu nie zamyka,
Tak ją łaskocze ta muzyka,
Do żył przenika i do krwi.

Wtedy zagadał do niej bas;
Gorącą chmurą na nią wlazł,
Namawiał, groził, obejmował,
Bełkotał, pieścił, gryzł, całował...

Lecz ona oczu nie zamyka,
Dreszczem przejmuje ją muzyka,
Do żył przenika i do krwi.

Więc słodkim szlochem załkał flet,
Na złotych palcach do niej szedł,
Wiśniami warg do kolan przywarł,
Sen dla niej srebrnym trelem wzywał.

Lecz ona oczu nie zamyka,
Tak nią podrzuca ta muzyka,
W rozkosznym bólu zwarła zęby...

Ze złości zgrzyta duży bęben,
To burknie, to znów mgłą uderzy...
Złe przytakują mu talerze,
Przywykłe grywać na weselach.

I tylko mądra wiolonczela
Radzi głębokim głosem: śpij.

Lecz ona oczu nie zamyka,
Tak ją upaja ta muzyka,
Do żył przenika i do krwi.

A WOMAN AND A JAZZ BAND

Text project to foxtrot

Coyly, the violin asks: sleep.
But she doesn't close her eyes,
the music tickles her;
it permeates her veins and blood.

Then the bass starts to talk to her;
like a hot cloud he creeps onto her —
persuasive, threatening, embracing,
he mumbles, caresses, bites and kisses.

But she doesn't close her eyes,
the music makes her shiver;
it permeates her veins and blood.

So, with a sweet sob, the flute starts to cry,
walks to her on golden toes,
with cherry lips clasped to her knees,
and with a silver trill, he calls the dream for help.

Nevertheless, she doesn't close her eyes;
the music makes her jump so much,
she clenches her teeth in delight.

The big drum grins with anger,
it growls, and then turns into fog.
Angry cymbals, that used to play at weddings,
raise a chorus of accords.

And only a wise violoncello
advises with a deep voice: please go to sleep.

But she doesn't close her eyes,
this music intoxicates her;
it permeates her veins and blood.

Aż przyszedł śpiewak. Rzewną strofą,
Wycałowaną przez saksofon,
I jeszcze czymś uczynił tak,
Że wnet usnęła tak jak ptak.

A wyzwolone instrumenty,
Wezbrane wichrem niepojętym,
Jak stały, wprost z błękitnej sceny
Buchnęły w niebo Bethovenem.

Not until the singer comes. With a tender
stanza, smothered with kisses by a saxophone
and something else,
he makes her fall asleep like a bird.

The freed instruments, standing
straight on the blue stage, swell
with an incomprehensible gale and
burst into the sky with Beethoven.

GHETTO

Noc wiatrami kołysze hiszpańskie pejzaże,
Krzyż, co miał być pokorą, ku górze mknie hardo;
Odcięli mnie od świata, a u bramy straże
Dzwonią groźnie pod księżyc ostrą halabardą.

Teraz śpią już spokojnie mieszczanie przy żonach,
Nie splami Żyd swą stopą kościoła z granitu —
Usnął kat, stos i topór, tli się łuna czerwona,
Podsycają szkarłatne widmo — inkwizytor.

Śpij Hiszpanio. Ja czuwam. Bo ja czuwać muszę.
Bóg mnie wygnał z ojczyzny, naznaczył bliznami,
Bym w spodleniu cielesnym, w bohaterstwie duszy
Kładł pod nędzny twój spokój — płonący dynamit.

GHETTO

Spain's landscape tosses in the windy night;
the humble cross looms with pride.
They cut me out from the world. Gate guards
clang with sharp halberds under the moon.

Now the burghers can sleep quietly beside their wives.
The Jew won't tarnish their granite church with his foot —
the executioner, stake, and axe can sleep while the red glow smoulders —
fed by scarlet phantoms — inquisitor.

Sleep Spain. I am on guard because I have to be.
God chased me from my homeland, marked me with scars,
so in my degraded body, my courageous soul
I could lay beneath your shabby peace — burning dynamite.

ŻYDZI

Jerzemu Reitmanowi

Za ciasny jest nam czworościan domu;
Każda ulica kończy się wylotem —
Każde miasto jest iskrą znikomą,
Każda ojczyzna — płotem.

Od kolan macierzyńskich musimy odejść
I słodką gorycz życia zachłannie i szybko spijać;
Włosy ukochanej — kędzierzawe ogrody,
To ból — który mija.

Dlatego opuszczamy późną nocą bramy miasta,
Ciepłe łoża smagłych Madianitek i to wszystko, czego nie ma
I gdy ciemność w niebotyczne pałace wyrasta,
Namiętnymi palcami wyczuwamy w glinie nowego Golema.

Potem uciekamy. Bo oto Golem w piersi nasze wraża
Dziryt ostry księżycem —
Gonią nas widma, rozpięte na witrażach,
Krzyżują nam drogi — cieniami — wieżyce.

Cóż nam pocałunki, palmy i słowiki,
Gdy ponoszą nas skrzydła — smutne wichry gniewu —
Podpalamy noce stosami i krzykiem,
Chcemy ziemię wymienić na niebo.

JEWS

To Jerzy Reitman

A square of a house is too tight for us.
Every street ends with an exit,
each town is an insignificant spark,
every homeland — a fence.

We must let go of motherly knees
and drink life's sweet bitterness
quickly and with greed.
The hair of our beloved — curly gardens,
is a passing pain.

Therefore, we leave the town's gates late at night,
the warm beds of tanned Madianiteks — all this and what is not,
and when the darkness grows into a sky-high palace,
our passionate fingers feel a new Golem in the clay.

After, we escape. Because the Golem engraves our breasts
with the javelin of a sharp moon —
the phantoms, stretched across the stained-glass window, chase us,
the shadows of towers cross our paths.

What is the use of kisses, palm trees and nightingales,
when the wings that carry us are the sad, strong winds of anger?
We inflame the nights with bonfires and shouts,
we want to exchange earth for heaven.

PSALM

Zrzuciliśmy z siebie szaty kapłańskie,
Pogasiliśmy ołtarze:
W księgach ukryliśmy Słowo Pańskie
I ku światu zwróciliśmy twarze.
A świat nas bije, bije, bije
Za winy swoje i niczyje:
Za to, że budujemy miasta,
I za to, że pięknie gramy na skrzypcach,
Że na Paschę niekiszone spożywamy ciasto
I za to, że w skwarne dni lipca
Wystajemy po zasiłki — bezrobotni.

I za to, że jesteśmy samotni,
I za to, że mamy wielkich aktorów,
I za to, że chcemy oddychać
Pogodą sosnowych wieczorów.
I za to, że musimy kichać
I pluć, i chrząkać, i płakać, i jałmużnę zbierać,
I za to, że nie chcemy umierać.

A myśmy nie po to pozostawili Syjon wyniosły
I nie po to z najwyższych zeszliśmy gór,
By handlować na brudnych ulicach Europy;
Toć nasze to wargi światu przyniosły
Z najdalszych, z najwyższych chmur
Słowo spiżowe, słowo złote —
Odblask Twarzy Bożej,
Której Wszechmoc niechybna nas podnosi, a innych trwoży.

Więc świat nas bije, bije, bije
Za winy swoje i niczyje:
Za to, że jesteśmy czarni
I za to, że — czerwoni
I za to, że zmęczeni
I za to, że ofiarni
I za to, że ujść chcemy pogoni
I za to, że trwamy
I za to, że nie zabijamy

PSALM

We dropped our priestly robes
and put out altar lights.
We hid the Lord's Word in books
and turned our faces to the world.
And the world beats us, beats, beats,
for our and no one's fault,
because we build cities,
play beautifully on the violin,
eat unleavened bread on Pesach,
and we stand for an allowance — unemployed
in July's sweltering days.

And because we are lonely,
have great actors,
and want to breathe in
evenings filled with pine.
Because we have to sneeze,
spit, hawk, and cry, beg for alms,
and because we don't want to die.

We didn't leave Great Zion
and walk down from the highest mountains
to trade in dirty European cities.
After all, our lips brought
the Lord's Word to the world,
from the furthest and highest clouds,
the reflection of God's face
whose power encourages us and terrifies others.

So the world beats us, beats, beats,
for our and no one's fault;
that we are black, and red
and tired
and generous
that we want to get away from the hunt
and survive, that we don't kill

73

I za to, że nasi kapłani
Nie mają swojej świątyni —
I za to, że nie mamy przystani
I za to, że wina innych nas nie wini.

that our priests don't have their own temples —
that we don't have any harbor
and that we don't accept the blame
for other people's faults.

WIECZÓR NA WSI

Pod wieczór zastyga wóz. Drzemią szprychy.
Koń chwyta w nozdrza rzeźki zapach żłobu.
O, wieczorze rodzimy, o wieczorze cichy:
Jak tęskniłem za tobą!

Teraz wiem już, że miły jest sercu mojemu
Chłodny szelest kasztanów, splątanych o zmierzchu,
I najbliższy mym nozdrzom zapach czarnoziemu
I zmierzch, śpiewający w tym wierszu.

Bo na tej tu ławie siedząc, tu, na polskiej ziemi,
Której opar ku gwiazdom dalekim się wspina,
Chłonę wszechświat słowami twojemi
I tu się zaczynam.

Koniu, dzwoniący w żłobie, siwy, chłopski koniu,
Czymże się tobie miłość moja wyda,
Gdy ciepły, spocony łeb twój drżącą pieszczę dłonią,
Nieśmiałą dłonią Żyda.

COUNTRY EVENING

At nightfall a carriage stands still. Wheel spokes dream.
A horse draws into his nostrils the fresh scent of a manger.
Oh, native evening. Oh, quiet evening.
How I have been homesick for you!

Now I know that the cool rustle of chestnuts
entangled at dusk pleases my heart
and the dusk singing in this poem,
and that closest to my nostrils is this scent of black soil.

Because sitting on this bench, here, on this Polish land
whose mists rise toward distant stars,
I absorb the universe with her words,
and here I begin.

Ringing horse in the stable, gray, peasant horse
how does my love appear to you
when I caress your warm, sweaty head
with a shivering hand, the shy hand of a Jew?

ZIMA W MOIM DOMU

Tynk sypie się z powały. Na gzymsach rzęsy śnieżyste.
Baron Hirsch na ubielonej ścianie. Świeczki. Śpiew.
Okulary dziadka. Rozkołysany, nierzeczywisty
Wieczór, zaplątany w zielonkawych okiściach drzew.

O, jaka maleńka jest świeczka, wetknięta w kartofel. Jaka wesoła!
Śpiewa dziadek o twarzy Matatiasza.
Do sąsiada — kolejarza przyszedł święty Mikołaj!
Zwisają mu z brody kędziory, jak srebrne sople z poddasza.

Jasno jest w naszym domu. Tylko w świątyni Salomona,
Na wschodniej ścianie, tuż nad kalendarzem, na obrazku
Jest ciemno. I smutne są lwy w zardzewiałych koronach.
A za oknem wiatr! I pod stopami trzaska, trzaska!

Dziadku, dokąd idziesz; człap, człap, ogromnymi buciorami —
Pod ukośną śnieżycę. Pod szalejące niebo.
Pójdę z tobą. Śnieg błyszczy jak zielony aksamit
Na twojej jarmułce. Ale skąd my tutaj. Powiedz dziadku. Dlaczego?

Bo przecież w Biblii nie pada śnieg. Dziadku, cóż to się z nami stało?
Wiem już, wiem; to my, najsmutniejsi ludzie świata.
Czapę masz białą i brodę białą
I nie wiem nawet, czy jesteś Mikołaj czy Matatiasz.

W bóżnicy jest ciepło. I pachnie tabaką. O świece tłuką się ćmy.
Już wszystko wiem. Na pulpit upadł gałęziasty cień menory.
Smutni byliśmy wtedy i ja i ty;
Ty, który umarłeś krawcem i ja, który miałem zostać kiedyś „doktorem".

WINTER IN MY HOME

Paint chips off the ceiling. Snow lashes are on the moldings.
Baron Hirsch is on a white wall. Candles. Singing.
My grandfather's glasses. The evening is set in motion, unreal,
entangled in the green branches of trees.

O, how little is this candle stuck into a potato — how cheerful!
A grandfather with the face of Matatiasz* sings.
Santa Claus came to our neighbor, a railroad worker.
Ringlets hang from his beard like silver icicles from a roof.

It is light in our home. Only Solomon's temple in the picture,
on the east wall just above the calendar, is dark.
And lions are sad in their rusted crowns.
Wind blows behind the windows! Snow crackles, crackles under shoes!

Where are you going Grandfather, clack-clacking with colossal shoes
against a slant snowstorm, against a raging sky?
I will go with you. Snow shines like green velvet
on your yarmulke. But why are we here? Tell me, grandfather. Why?

It doesn't snow in the Bible. Grandpa, what has happened to us?
I know, I know. It is us, the saddest people of the world.
You have a white hat and a white beard,
and I don't even know if you are Santa Claus or Matatiasz.

The synagogue is warm and smells of tobacco. Moths pound against the candle's flame.
Now I know everything. The branch-like shadow of the menora fell on my desk.
We were both sad, you and I.
You who died as a tailor, and I who was going to become a "doctor."

* Father of Judah Macabee

79

O PROROKU, KTÓRY NIE PRZYSZEDŁ

Cicho, cicho,
W wiosenne rano garnki zdejmują ze strychu,
Te świąteczne, kolorowe, z nakrapianej gliny —
Radość oczom dziecięcym i dłoniom matczynym.

O, Boże!
Jasno jest już w izbie od samego rana
I złoci się podłoga, piaskiem wysypana.
Na piecu ubielonym barszcz kwaszony dojrzewa,
A za oknem, za oknem zielenieją
Te żydowskie — bez nazwy — drzewa
I koguty złociście pieją!

O, Boże,
Toć bliski już wieczór!
Krawcy w małej bóżnicy pozapalali już świece...
Płoną szyby, płoną...
Tu zielono... tam czerwono...

O, Matko,
Dzień powszedni był jeszcze rankiem
I o święcie wieczornym nie wiedział;
Wymyłaś mi głowę rumiankiem,
Włosy rozczesałaś na przedział —
Matko, matko...

Na białym stole zakwitł światłami seder...
— Cóż... gorycz świętą spożywałem wraz z wami
I barszcz i wino, pachnące rodzynkami;
Wpatrzony w księżyc, śpiewający z wysoka,
Do późnej, do późnej nocy czekałem Eliasza — Proroka.
Nie przyszedł wtedy, nie przyszedł...
W izbie stawało się coraz ciszej i ciszej,
A ja czekałem, czekałem,
Aż się ściany domu mego porozlatywały,
A dach wichry jesienne poniosły —

ABOUT THE MESSIAH WHO DIDN'T COME

Quiet, quiet.
On a spring morning, we take
holiday pots out of the attic —
the joy of children's eyes and mother's hands.

Oh, God!
There is light in the room since early morning,
and the floor is sprinkled with glittering sand.
Fermented borscht stands on the white oven,
and behind the window,
Jewish trees without a name turn green,
while roosters crow golden!

Oh, God,
Evening comes closer and closer!
In a small synagogue, tailors light candles…
The windows blaze, blaze.
Green here. Red there.

Oh, Mother,
The morning was just an ordinary day.
I didn't know about the evening celebration.
You washed my hair with chamomile,
combed and parted my hair —
mother, mother.

On a white table the seder bloomed with lights
— Well, I consumed the holy bitterness,
borscht, and wine scented with raisins together with you.
Until late at night, I waited for the Prophet Elijah,
gazing into the singing moon from above.
He didn't come then, he didn't.
In the room it became quieter and quieter,
and I waited, and waited,
until the walls of my home collapsed,
and the fall wind carried away the roof.

Matko — matko —
– Ciągle jeszcze czekam od wiosny do wiosny.
Tylko, że nie ma już kto by mi włosy rozczesał —
Została mi tylko gorycz,
Gwiaździste, kwietniowe wieczory
I rzewne, hebrajskie słowo: Pesach.

Mother, mother.
I still wait from spring to spring.
Only there is nobody to comb and part my hair.
Bitterness is left for me, alone.
April's evenings are full of stars,
and tender, the Hebrew word: Pesach.

WIOSNA ŻYDOWSKA

Poeci mówią, że strumyk szkli się niebem przejrzystym
I że młoda za oknem trawa świeci jak aksamit —
Ale cóż nam po tym wszystkim,
Gdy za oknem ktoś młody,
Nie podziwia niebieskiej wody,
Lecz wybija nam szyby kamieniami.

Pragniemy — jak to mówią — skrzydeł, aby latać;
Bo też piękne są wiosną miasta całego świata —
A niebo jest słoneczne i bliskie —
Piękne są także mosty pod księżycem —
Ale cóż nam po tym wszystkiem,
Gdy coraz trudniej przejść nam spokojnie — ulicę.

A słońce — jak zawsze — przygrzewa, a drzewa stroją się w listki,
Są już ptaszki, kwiatki i tak dalej —
Ale cóż nam po tym wszystkim,
Gdy się nam ziemia pod stopami pali!

O, Boże! Wskaż nam drogę na pola szerokie,
Gdzie by wichry pałek nie miały,
Gdzie by nam drzewa szyb nie wybijały,
A księżyc nie zaglądał złowrogo do okien.

Boże wiosny człowieczej i ludzkiego siewu.
Pozwól kochać nas ludziom i ptakom, i drzewom.

THE JEWISH SPRING

Poets say a stream glitters with a clear sky,
and young grass shines like velvet outside a window.
But what does it matter after all
when outside the window somebody young
doesn't admire blue water
but breaks our panes with rocks.

We desire, as they say, wings to fly
because all cities in the world are beautiful in spring,
and the sky is sunny and close,
and bridges are also beautiful under the moon.
But what does it matter after all
when it's more difficult to safely cross a street.

And the sun shines, as always, and trees dress up in little leaves —
there are already birds and flowers.
But what does it matter after all
when the ground burns under our feet.

Oh, God! Show us the road to broad fields,
where winds don't have batons,
where trees don't break our window panes,
and the moon doesn't look angrily into our windows.

God of the human spring and spreading of seeds,
let people and birds and trees love us.

O NIEZNANYM ŻOŁNIERZU ŻYDOWSKIM

Dudniły wozy i kopyta
W szumie sztandarów, w łzach i pieśniach —
Wtedy mnie nikt o krew nie pytał
I nikt się z nosa mego nie śmiał.

Dali mi kule „dumdum”
I pójść kazali w noce mgliste —
Ten sam mi dali mundur,
Ten sam karabin i tornister.

Gdym włożył hełm i mundur khaki,
Ustały gwizdy i obelgi —
Byłem Francuzem i Polakiem,
Byłem Moskalem, Turkiem, Belgiem.

Bo wtedy uwierzyli wszyscy
Wrogowie moi i oszczercy,
Że gdy nad głową kula świszcze,
Mam takie samo ludzkie serce.

I oczy, usta takie same,
I taką samą ludzką pierś.
Podatną na ból, na rany,
Gotową na śmierć.

Ruszyłem w bój jak wszyscy inni
Szlachetni, młodzi i niewinni
I były kwiaty i wiwaty,
Mrozy, upały i granaty.

Ruszyłem w bój pod śnieg, pod wiatr,
Poprzez granice i okopy
Po nowy ład, po nowy świat —
Krwawiłem dla całej Europy.

ABOUT AN UNKNOWN JEWISH SOLDIER

The wagons and hooves rumbled
in the bluster of banners, in tears and in songs.
At that time, nobody asked me about my blood
and nobody laughed at my nose.

I received dumdum bullets,
the same uniform,
the same rifle, the same knapsack,
and I was ordered to march into foggy nights.

When I put on the helmet and a khaki uniform,
the whistles and insults stopped.
I was French, Pole,
I was Russian, Turk, and Dutch.

Everybody believed —
my enemies and slanderers —
I had the same human heart
when bullets whizzed above my head.

And the same eyes and lips,
the same soft human chest
open to pain and wounds,
ready for death.

I marched into the battle as others —
noble, young and innocent,
and there were flowers and cheering,
frost, heat, and grenades.

I marched into the battle against snow, against wind,
across borders and trenches
for a new order, for a new world —
I bled for the whole of Europe.

Gwiazdy liczyły tylko i Bóg
Rany i blizny, męki i boje —
Padłem na głuchym rozstaju dróg
I nikt nawet śmierci nie widział mojej.

I nikt nawet nie wie, gdzie leżę,
I nikt już wiedzieć nie będzie,
Bo leżę wszędzie, wszędzie, w s z ę d z i e,
Gdzie kiedykolwiek byli żołnierze.

Only God and the stars counted
the wounds and scars, suffering and battles —
I fell on a deaf crossroads
and nobody even saw how I died.

Nobody knows where I lay,
and nobody will ever know,
because I lay everywhere, everywhere, e v e r y w h e r e,
anywhere soldiers have been.

ŻYDZI I PSY

Trudną drogą kazał iść nam Bóg;
Najciernistszą spośród wszystkich dróg.
Dla zbolałych i wiekowych nóg.

Zastąpiły nam tę drogę psy;
Marszczą pyski. Pokazują kły!
Każdy duży. Każdy mocny. Każdy zły.

Czegoż psy te od nas, słabych, chcą?
Boli łapa? Bolą wrzody? Boli ząb?
Ani łapa. Ani wrzody. Ani ząb.
Naszych ciał im brak, tym głodnym psom.

Biedne psy. I biedni my. A wokół mgła.
Może jutro Bóg nam siłę da.
Duszę ludzką wyczarować z psa.

JEWS AND DOGS

The Lord ordered us to walk a difficult road —
the most thorny road of all
for ancient and aching legs.

Dogs blocked us on that road.
They wrinkled their muzzles. They showed their fangs!
Each one big. Each one strong. Each one angry.

What do these dogs want from us who are weak?
Does a paw hurt? Does an ulcer hurt? Does a tooth hurt?
Neither a paw, an ulcer, nor a tooth.
They want our bodies — these hungry dogs.

Poor dogs. Poor us. All around is nothing but fog.
Maybe tomorrow the Lord will let us
bewitch out of a dog a human soul.

PAŃSTWO ŻYDOWSKIE

Poustawiamy mebelki: tu stół, tu łóżko, tu szafa. Tam świecznik
                                    siedmioramienny.
Otworzymy okno. Zieleń słońcem wezbrana wskoczy do pokoju.
Spójrzmy. Morze pluszcze wiosennie.
Mówmy: kocham ojczyznę moją.

Ale wyjdźmy na ulicę. Pałka policjanta dyryguje ruchem.
W operze tenor śpiewa Cavaradossiego.
W cukierni — ciastka, krem, muchy,
W kinie: Polska, Węgry w obrazach i śmierć bezrobotnego.

Sir Artur Wauchope dawno już zwinął swój urząd —
Nad gmachem powiewa chorągiew niebiesko-biała.
Pod własny dach uciekliśmy przed burzą,
Która biła w nas wichrami, biła, lecz — kochała.

Oto poeci, śpiewający sławę rządu i nierządu,
Fabrykanci, proletariat, bomby, interwencje, minister —
Na pocztówkach sznury wielbłądów,
Wszystko już jest. Jasne. Rzeczywiste.
Jak wszędzie.

Ale nocą wyjdzie z głębin po siedemkroć tajemnych
Jeremiasz, który płakał ongiś w Jeruzalem
I rozbije świecznik siedmioramienny,
I gmach opery z czterech stron — podpali.

I pójdzie. W ukośną od błyskawic noc. W płaszczu rozwianym
I pomsty wzywać będzie pod murami Tel-Awiwu,
I modlić się będzie o burzę i grad ołowiany,
O przyszłość - n i e s z c z ę ś l i w ą.

THE JEWISH HOMELAND

We will arrange the furniture: here a table, here a bed, here a cabinet. There
the seven-armed candelabra.
We will open the window. The greenness swelled by the sun will pop into the room.
Look — The spring's sea splashes.
Say — I love my homeland.

But come out on the street. A policeman's baton directs the traffic.
In the opera, a tenor sings Cavaradossi.
In a bakery — pastries, cream, and flies.
In the cinema: Poland, Hungary in pictures, the death of the unemployed.

Sir Arthur Wauchope packed up his cabinet a long time ago —
above the building a blue and white banner flutters now.
We escaped, under our own roof, before the storm
that beat us with thunder, beat, but loved us.

Here the poets praise the government and anarchy,
manufacturers, the proletariat, bombs, interventions, ministers,
the lines of camels on postcards,
everything already is. Clear. Realistic.
Like everywhere.

But at night Jeremiah, who once cried in Jerusalem,
will come out from the depths, seven times secret.
He will break the seven-armed candelabra,
and set the opera building on fire from all four sides.

He will leave. The night jagged from lightning. In his wind-blown coat
he will call for vengeance beneath the walls of Tel-Aviv,
and he will pray for a storm and lead hail,
a future — a miserable one.

ŚWIĘTO SZAŁASÓW

O bracia moi, tak poważni, tak życiem zaabsorbowani,
Handlujący, nie mający czasu —
Cóż to się z wami stało —
Pijani jesteście, pijani —
Głupstwa wygadujecie nad rybą i nad chałą.

Po coście ustawili na tych ciemnych, cuchnących podwórkach
Te dziwaczne szopy, zgniłym przykryte listowiem —
I syn jest pijany i pijana jest córka —
Za czyjeż to pijecie zdrowie?

Toć w izbach nie stało się jaśniej, Rachel jest goła i bosa,
A Jakub — Jakub szuka posady —
Rachel musi mieć posag:
Na przykład winnicę w En-Gady,
Parę wielbłądów, fabrykę whisky,
Albo co najmniej — posadę
Stenotypistki.

A wy, dłońmi ująwszy brody siwe,
Bijecie komuś pokłony —
Choć córki są nieszczęśliwe,
A syn jeszcze nie ma żony...
Poprzez liściastą powałę
Deszcz brudną strugą przecieka —
Rosół i ryby kawałek
Oto szczęście człowieka.

O bracia moi, tak poważni, tak życiem zaabsorbowani —
Zakonem cieszycie się bożym?
Gdzież Zakon? Gdzie kapłani?
Gorze wam, gorze!

Otoście Zakon w dusznych ukryli bóżnicach
A świętość — w małych, pokracznych szopach.
A tam, za bramą, na ludnych świecących ulicach
Dzieje się wszystko wbrew Zakonowi. Na opak.

THE FEAST OF TABERNACLES

Oh, my brothers, so serious, so absorbed with life,
trading and not having time.
What happened to you?
You are drunk, drunk,
and talk nonsense over fish and chalah.

Why did you build these odd sheds covered with rotten branches
on your dark, stinking back yards?
Your son is drunk, and your daughter, too.
For whose health do you drink?

It didn't make rooms lighter; Rachel is naked and barefoot,
and Jacob — Jacob looks for a job.
Rachel has to have a dowry;
for example, a vineyard in En-Gady,
a few camels, a whiskey company
or at least — a job
as a stenographer.

And you, holding your gray beards in your hands,
bow to somebody
even though your daughters are unhappy
and your son doesn't have a wife yet.
Dirty rain leaks through the leafy ceiling,
chicken soup and a piece of fish —
Here is your human happiness.

Oh, my brothers, so serious, so absorbed with life.
Are you happy with God's covenant?
Where is the covenant? Where are the priests?
Shame! Shame on you!

So you hid the covenant in stuffy synagogues
and the sacred in small, grotesque sheds.
And there, behind the gate, on crowded glittering streets
everything happens against the covenant. Upside-down.

Kradną i cudzołożą otwarcie,
Mordują i grabią niezmiennie,
Baalowi służą i Astarcie,
Imienia Bożego wzywają nadaremnie.

Któż im oczy otworzy?
Gdzież mają szukać Zakonu,
Kiedyście Zakon Boży
Ukryli w kącie pod brudną zasłoną.

A sami — handlujecie uparcie.
Przez całe swoje życie codziennie
Służycie Baalowi i Astarcie.
Imienia Bożego wzywacie nadaremnie.

Tańczcie, tańczcie i śpiewajcie dalej
W swych nędznych szopach, wyzbyci marzeń.
I wy chcecie wznowić święte Jeruzalem?
O śmieszni, brodaci handlarze...

They steal openly and commit adultery,
constantly murder and plunder,
serve Ba'al and Astarte
and call God's name without a reason.

Who is going to open their eyes?
Where are they going to find the covenant
when you hid it in a corner
under a dirty curtain.

And you — you are trading stubbornly.
All your life, everyday
you serve Ba'al and Astarte.
and call God's name without a reason.

Dance, dance and continue to sing
in your shabby sheds, abandoned dreams.
And you want to renew the sacred Jerusalem?
O, ridiculous, bearded traders.

O WIECZORZE I ŚMIERCI

Miły sercu jest wieczór dzwoniący żabami
I miłe są drzewa pochylone nad nami,
I miła jest nawozem pachnąca obora,
I wietrzyk, napełniony różami z wieczora.

Smuteczki i westchnienia, przychodzące znikąd,
Są sercom naszym cichą i rzewną muzyką.
Jak słodko niepokoi nas płacz drżący w mroku
I kolor złotobury płynących obłoków.

W ten wieczór woniejący, dzwoniący żabami,
Śmierć nieunikniona chodzi wciąż za nami
I z jabłoni pomaga nam strącać owoce,
Pełne jej, pełne wiatru, woni gwiazd i nocy.

ABOUT AN EVENING AND DEATH

An evening croaking with frogs pleases my heart
and the trees drooping over us,
the barn scented with manure,
a slight wind filled with the aroma of evening roses.

Sadness and sighs coming from nowhere
are our hearts' quiet and sentimental music.
How sweetly the trembling sob at dusk
as the golden-gray clouds passing by alarm us.

On this fragrant evening, croaking with frogs,
unavoidable death walks behind.
It helps us to knock off fruit full of death
from an apple tree, full of wind and the scent of stars and night.

DROGA DO SAMOTNOŚCI

Nauczyłem się już samotności.
Trudna ta nauka i nieskora.
Poprzez złości, poprzez namiętności
Wspinać się od rana do wieczora.

Trudna droga. Droga do niej boli.
Tyle razy trzeba ulec melancholii,
Tyle rąk uścisnąć trzeba,
Tylu serc wysłuchać bicia
I nie widzieć gwiaździstego nieba,
Bać się śmierci i nie kochać życia.

Potem trzeba mijać oczy ukochane,
Rzeczy sercu miłe, słońcem malowane
I odchodzić i nie wracać i porzucać dla niej
Rozkosz warg i chłodny cień przystani.

A gdy drzewa pełne nocy drzemią,
Trzeba schylić się nad ciemną ziemią
I pochwalić słowem najgorętszem
Jej tajemne i nieuniknione wnętrze.

A PATH TO SOLITUDE

I have already learned solitude.
It is a difficult and slow learning —
through anger, through passion,
from morning till evening.

A difficult road. A painful road.
You must surrender many times to melancholy,
shake many hands,
listen to many beating hearts,
stop seeing starry skies,
fear death, and reject loving life.

Then, you have to avoid your lover's eyes,
things painted by the sun and close to your heart,
leave without returning and abandon for her
the delight of lips and the cool shade of a harbor.

And when trees sleep full of night,
you have to bow over dark ground
and praise with the most passionate words
its secret and unavoidable soil.

ŚMIERĆ

Przyzwyczaiłem się do ciepłej pościeli,
Do kobiety, do czarnej kawy, do wódki;
Pokochałem chatynkę, którą śnieg obielił.
I głód. I dosyt. I piosenki cichutkie.

Nie mógłbym już żyć bez papierosa.
Umarłbym bez widoku nieba w obłokach.
I bez chusteczki do nosa.
I bez kwiatów, miłych dla oka.

Dlatego przeraża mnie cmentarz o północy
I stół nieczuły, choć przy nim układam ten wiersz,
I twoje jesienne, namiętne oczy,
Przez które patrzy śmierć.

Lecz kiedy czołem przylgnę do ściany,
Pachnie ściana twą szyją, wargami, włosami
I sianem,
I wodą zieloną od żab i gwiazdami.

Więc pieszczę dłonią stół, szyby, abażur,
Jak nocą twoje ciepłe, w mrok wypięte piersi
I przylgnąwszy do twarzy twej — twarzą,
rozumiem, że nie ma śmierci.

DEATH

I got used to warm sheets,
to a woman, black coffee, and vodka.
I fell in love with my snow-covered hut,
and hunger, satiety, and soft songs.

I wouldn't be able to live without a cigarette
and I would die without a view of this clouded sky,
without a handkerchief
or flowers pleasing to my eye.

A cemetery at midnight horrifies me,
and the unfeeling table I write this poem on,
and your passionate, autumn eyes
through which death peers.

But when I touch my forehead to the wall,
it smells of your neck, lips, your hair,
and hay,
and water green with frogs and stars.

So I caress the table, windows, lampshade,
like your warm breasts in the dark ripened by night.
And when we nestle face to face,
I understand that there is no death.

Z WIERSZY ROZPROSZONYCH

1926 — 1939

DISPERSED POEMS

1926 — 1939

WIECZNE ŻYCIE

W grozie nieśmiertelności —
Słyszę przeciągłym jękiem gwarne, wieczne życie.
 — Leconte de Lisle

Po co usypiasz mnie nocą,
I czemu — budzisz o świcie;
Nie wiedzącemu po co,
Każesz mi iść przez życie.

Po co dziś każesz umierać,
Gdy jutro — wzbudzisz w zieleni;
Po co się mam poniewierać,
Wiatr ciemny w głuchej przestrzeni.

Nie chcę być w noc pełną strachu
Łuską świecącą na rybach
Ni ostem, płonącym pod zachód —
Od życia wiecznego mnie wybaw.

Bo dość mi już wiatru i zorzy,
Męczy dzień, męczy noc, żywa klonem —
Gdy się w mroku pod gwiazdy położę,
To mnie nie budź. Bo jestem zmęczony —

EVERLASTING LIFE

> In fear of immortality —
> I hear protracted, full of moaning, eternal life.
> — Leconte de Lisle

Why do you put me to sleep at night
and wake me up at dawn?
You tell me to go through life
not knowing what it's for.

Why do you tell me to die today,
when tomorrow you'll wake me up in greenness?
Why do I have to wander —
a dark wind in a deaf space.

At night full of fear,
I don't want to be a shiny fish's husk
or a burning thistle at sunset.
Free me from eternal life.

Because I have had enough of wind and rainbows,
and day wears me out, and a night alive with maples wears me out
when I lay down under the stars in darkness,
don't wake me up — because I am tired.

SZABAT

Ty święta naszych serc Soboto!
Czekamy... przyjdź zimową nocą.
W izbie jest cicho — jasno — złoto —
Na stole świeczki drżą, migocą...

Czuję, że spokój jest na ziemi,
patrząc na uśmiech mej matuli.
Przebrzmiał „kiddusz" — ojciec drzemie —
do okna księżyc twarz swą tuli.

Zdaje mi się, że mówi ze mną,
że jakąś baśń o cudach słyszę.
Już gasną świeczki. Cicho... ciemno...
Sobotnia ciemność idzie w ciszę...

„Chwila" 1926, nr 2475

SABBATH

Sabbath, you are sacred to our hearts.
Come on a winter night — we wait
in a quiet and golden room
where candle light shivers and flickers on a table.

Looking at my mother's face
I feel there is peace on Earth.
After Kiddush my father already drowses,
the moon cuddles its face to the window.

I have the feeling that I hear
a certain fairy-tale about miracles.
And as the candles' flames wane, the room quiets,
and the Sabbath silence enters.

Moment (1926) #2475

LAG B'OMER

Tam w ciasnych uliczkach jest smutno i szaro,
dziewczynki są chore — chłopaki są blade.
W chederach się trudzą nad Torą, nad starą,
nie dla nich jest słońce i łąki i sady.

A przecież się nieraz serduszko w nich budzi
i tęskni do śmiechu dziecięcych igraszek.
Im ciężko jest ciągle wśród smutnych żyć ludzi,
nie kwitną tam sady, nie śpiewa tam ptaszek.

Lecz jeden jest dzień pełen lśnień i skier słońca,
(a miodnych dojrzewań i woni jest czas to),
gdy z pieśnią radości, co zda się bez końca,
te dzieci z chederów ruszają za miasto.

A zbrojne są w łuki i w kołczany z drewna,
precelki się kryją świeżutkie w ich torbach,
na wojnę ruszają — wygrana jest pewna,
bo z nimi jest gwiazdy syn — wielki Bar Kochba.

Wśród zieli traw młodych, gdzie złotem skrzy pole,
rozbiega się mały ten ludek ciekawy,
gromadka na wzgórku, gromadka na dole,
do wielkiej się teraz gotują zabawy.

Na wzgórzu Bar Kochba tłum Judejczyków
odpiera tarany pogańskich żołnierzy —
w powietrzu poświsty i strzał szum bez liku.
Kto rannych opatrzy? Poległych zabierze?

I ogniem pałają dziecięce te oczy,
okrzyki się wznoszą podobne do gromu.
Lecz słońce zachodzi i zmierzch się już mroczy,
więc czas już rycerzom powrócić do domu.

LAG B'OMER

It is sad and gray in these narrow streets —
girls are sick, boys pale.
They toil in cheders over an old Torah.
The sun, meadows, and orchards are not for them.

Yet, sometimes, their little hearts wake up
and yearn for the laughter of children's play.
It is hard for them to live constantly among sad people.
Orchards don't bloom there, birds don't sing.

But there is one day full of sunshine and sparks
(it is the time of ripening and fragrance)
when cheder children go to the countryside
with a song of joy which seems endless.

They are armed with bows and wooden quivers,
fresh pretzels hidden in their bags.
They go to a war where victory is assured
because the great Bar Kochba is with them, the star's son.

These little people disperse among herbs
and young grasses, fields sparkling with gold.
A bunch on a hill. A bunch below.
They get ready to play the big game.

On the hill, Bar Kochba and a crowd of Jews
fight off pagan soldiers' battering rams
as countless arrows whiz and whistle in the air.
Who will dress the wounded? Who will take away the killed?

The children's eyes shine with fire.
Their shouts rise like thunder.
But the sun already is setting and dusk darkens.
It is time for the knights to go home.

Polami wraca gromadka cieni —
czasem śmiech płochy w cichy zmierzch uleci.
Do ciasnych ulic i dusznych sieni
wraca wycieczka chederowych dzieci.

„Chwila" 1926, nr 2557

The crowd of shadows returns through the fields.
Sometimes a skittish laughter falls into the quiet twilight.
The excursion of cheder children returns
to the narrow streets, constricted halls.

Moment (1926) #2557

PODCHORĄŻOWIE

Myśleliśmy nocą w koszarach, że w mieście będzie inaczej,
Że byle jeden okrzyk, jeden ognisty znak —
Ozwij się miasto bezsenne, miasto milczącej rozpaczy:
Nóg niecierpliwym tupotem w grzmiący bijemy takt.

Gdzież są wodzowie starzy — dlaczego nie przyszedł ni jeden.
My przecież głośno wołamy krzykiem zmęczonych płuc:
Generałowie w powozach pędem mkną na Belweder —
Jak ich powstrzymać, jak zabiec, jakim ich słowem zmóc.

O trwogą uśpiona Warszawo, kiedy nas buntem usłyszysz!
Patrz! Czarne cienie szubienic czekają naszych głów —
Jakim krzykiem — piorunem przekreślić ciemność i ciszę,
Gdy mamy tylko młodość i gniew i szał bez słów.

Lecz w noc tę nie wolno nam jeszcze zginąć od wrażej kuli.
Któż wtedy wznieść zdoła sztandar rozwiany wichrem ku niebu —
O smutku zamkniętych okiennic, o ciszo zamglonych ulic
Dokąd nas wiedziesz w tę noc pełną miłości i gniewu.

Na Solcu dogasa już pożar czerwienią kołysząc gałęzie
I szum się natrząsa szelestem ze zgasłych, ciemnych drzew.
Miasto jak czarny pies czuwa w napiętej uwięzi,
Tając ból, tając krzyk, tając gniew.

„Nasz Przegląd" 1930, nr 330

CADETS

We thought at night in the military garrison that it would be different in a city,
that one shout, one sign of fire would be enough.
Speak up sleepless city, city of silent despair —
our impatient feet stamp until they thunder.

Where are the old commanders — why didn't even one come?
We shout with tired lungs:
Generals rush in carriages to the Belvedere —
can we stop them, hold them up, what word will overpower them?

Oh, Warsaw asleep from fear, when will you hear our rebellion!
Look! The black shadows of the gallows await our heads.
What scream or thunder can strike down darkness and silence?
We have only youth, exasperation, and rage without words.

But tonight we can't die from the enemy's bullet,
because, then, who will be able to raise the wind-blown banner toward the sky?
Oh, sadness of closed windows, silence of foggy streets,
where do you lead us on this night full of love and fury.

The fire in Solec is dying out. The branches sway with red,
and their rustling sneers with crackling, blackened trees.
The city like a chained, black dog is on alert.
It hides pain. It hides shouts. It hides rage.

Our Review (1930) #330

115

JUŻ NIE BĘDĘ MAŁY...

Bracia pojechali,
Siostry pojechały,
Tylko mnie kazali
Zostać, bom za mały.

Ale nie zostanę,
Zdrowe mam ja nogi,
O, kraju kochany
Znajdę ja już drogę.

Torem kolejowym,
Lasem i górami,
Doliną i rowem
Będę biegł za wami.

Bom ja nie uległy,
Ani niewidomy —
Dźwigać będę cegły
I budować domy.

Nie będę się liczył
Z upałem, chamsinem —
Będę budowniczym
Nowej Palestyny.

Będę robociarzem,
W słońcu się opalę,
Bo o Tobie marzę
Nowe Jeruzalem.

Pójdę wam na pomoc,
Już nie będę mały —
I zamieszkam w domu,
Który zbudowałem.

„Chwila" 1935, nr 5773

I WON'T BE SMALL ANYMORE

My brothers left.
My sisters left.
They left me behind
because I am too small.

But I won't stay.
I have healthy legs.
I will find a road
to my homeland.

I will run after you
on a railroad track,
through forests and mountains,
valleys and ditches.

I wasn't born to be
disobedient or blind —
I will carry bricks
and build houses.

I won't bother
with heat or desert wind.
I will be an architect
of the New Palestine.

I will be a worker
and tan in the sun
because I dream about
the New Jerusalem.

I will come to help you.
I won't be small anymore,
and I will live in the house
that I build.

Moment (1935) #5773

BALLADA O CHŁOPCZYKU W CIEMNOŚCI

Nie ma wcale krasnoludków, o Boże,
Jakże spać się tej nocy położy,
Gdy się pokój ciemnością zasnuwa,
Gdy nad nocą nikt już nie czuwa.
Pod łóżkiem — gdzie nocniczek i buty —
Leży pajac scyzorykiem rozpruty.
Pociąg stanął, bo zgięły się szyny,
Jedno koło zleciało z karocki.
Runął pałac. Rozsypały się klocki.
Wszędzie szkło, glina, skrawki, trociny.
A ten śmietnik z szkła, gliny i trocin,
Księżyc światłem wysrebrza i złoci.

Cóż poradzisz księżycu nieżywy,
Ty daleki i ty nieprawdziwy!

Teraz zaczną się strachy dopiero!
Na podwórzu stoi pijak z siekierą —
Cóż ma z tego, że księżyc mu świeci —
Pijak zabić chce żonę i dzieci,
Czymże księżyc go zmiękczy i wzruszy?
W oficynie zapłakał staruszek —
Ktoś mu ukradł z kuferka brylancik —
Zapukali do bram policjanci,
Przyszli krzycząc — złodzieja zabrali,
Staruszkowi brylancik oddali —
Teraz dobrze już jest staruszkowi,
Ale źle, ale źle złodziejowi.

Cóż poradzisz księżycu nieżywy,
Ty daleki i ty nieprawdziwy,
Jakże zrobisz, by było inaczej?

Chłopczyk schodzi z łóżeczka i płacze,
Wcale spać już nie może tej nocy;
Chce naprawić złocistą karocę,
Chce obudzić żołnierzy nieżywych,
Wstawić koło do lokomotywy,

A BALLAD ABOUT A BOY IN DARKNESS

There are no magical dwarfs at all, God,
how can I fall asleep tonight
when darkness envelopes the room,
when nobody guards the night anymore.
Under my bed, a chamber pot and shoes —
a clown lies slit by a pocketknife.
The train has stopped because the tracks are bent,
and the carriage's wheel fell off.
The palace went to pieces. The building blocks are scattered.
Everywhere is glass, clay, paper scraps, and sawdust,
but in the moonlight this garbage turns to silver and gold.

How can you help, dead moon,
so faraway, and unreal!

Now the dread begins!
In the backyard a drunkard stands with an ax,
what does it matter that the moon shines for him,
he is ready to kill his wife and children.
How can the moon move and soften him?
In the annex an old man cries out —
someone stole a diamond from his trunk.
Policemen knock on the door.
They come screaming to arrest the thief
and return the diamond to the old man.
Now the old man is fine,
but the thief is doing badly, badly.

How can you help, dead moon,
so faraway, and unreal!
What can you do to change things?

The boy climbs down from the bed and cries.
He can't sleep anymore tonight.
He wants to repair the golden carriage,
wake up the dead soldiers,
and put the wheel back on the train

119

Aby znowu po szynach jechała —
Chce na nowo zbudować swój pałac,
I słonie znów postawić na nogi,
Ale dom cały objął już ogień.
Wicher szyby wybija i rwie się,
Wicher dachy porywa i niesie.

Cóż poradzisz księżycu nieżywy,
Ty daleki i ty nieprawdziwy.
Cóż uczynisz, by było inaczej?

Chłopczyk stoi w płomieniach i płacze.

„Nasz Przegląd" 1937, nr 157

so it can ride on the tracks again.
He wants to rebuild his palace
and set the elephants on their feet,
but fire envelopes the whole house.
Wind breaks the windows,
snatches the roof and carries it away.

How can you help, dead moon,
so faraway, and unreal!
What can you do to change things?

The boy stands in flames and cries.

Our Review (1937) #157

ROZMOWA O LUDZIACH I DRZEWACH

Powiadasz: wichr! Nieszczęście! I żałoba!
Ty nie radź mi. Ty raczej sobie radź.
A właśnie tak! Bo tak mi się podoba!
W największą burzę chcę na flecie grać.

Powiadasz: źle! Powiadasz, że nie wolno,
Że ludzkość... to i tamto... w taki czas...
Ja wolę pójść tą wąską ścieżką polną,
Którą chodziłem już niejeden raz.

Powtórzę po raz setny: krzak i drzewo
I łąkę srebrną, całą w snach i mgle.
Pokłonię się na prawo i na lewo,
Bo drzewo, krzak i mgła kochają mnie.

A ty, uczony, mądry przyjacielu,
Cóż wiesz o drzewach śpiewających mgłom!
O, jak inaczej drzewa się weselą,
A jak inaczej — ława, płot i dom.

Za życia służyć ludziom nam wypada,
I kochać ich, i bić, i kłuć, i gryźć.
Przepadło. Nie odwrócisz. Trudna rada.
Lecz ja na przykład wolę wiatr i liść.

Wiatr nigdy mnie nie zdradzi. Nie zabije.
Wiatr nigdy nie jest dobry ani zły.
I dobrze wie, że serce jest niczyje,
Choć nie jest mądry i uczony, tak jak ty.

Cóż... ludzie... Tak, to prawda... bardzo biedni...
Biedni, bo źli, bo węszą ciągle krew.
O, gdyby znaleźć można chleb powszedni
W cienistym śpiewie wielkich, dobrych drzew!

A CONVERSATION ABOUT PEOPLE AND TREES

You say — strong wind! Misfortune! And mourning!
Don't advise me. Help yourself instead.
Yes, just like that! Because I like it!
In the midst of a great hurricane — I want to play a flute.

You say: wrong! You say, that's not allowed,
that humanness... this and that... in times like this...
I prefer to walk this narrow path,
which I've walked many times.

I will repeat for the hundredth time: a bush and a tree,
and a golden meadow, all in dreams and in the fog.
I will bow to the right and left,
because the tree, bush and fog love me.

And you, knowledgeable, wise friend,
what do you know about trees singing to the fog!
Oh, how different the joyful trees are
from the table, fence and house.

We're supposed to serve people while they're alive,
and love them, and beat them, pierce, and bite.
All is lost. You can't turn it back. It must stay this way.
Though I prefer the wind and the leaves.

The wind will never betray me. Will not kill me.
The wind is never good or bad.
And it knows well that the heart is no one's,
even though it's not wise or knowledgeable, like you.

But then... people... That's true... very poor...
Poor, because they are bad, because they still sniff blood.
Oh, if it were possible to find an ordinary loaf of bread
in the shade of singing trees!

Lecz wielkie drzewa w mgłach nie wiedzą o tym
Co znaczy krew i wrzód i rak i skrzep.
Co znaczy umrzeć w marcu na suchoty,
I że do życia jest potrzebny chleb.

Nie wiedzą także, czym jest miłość pierwsza,
I czym ostatnia — jeśli wraca znów.
I czym jest gorzkie kłamstwo w słodkich wierszach,
I czym pociecha tych bezradnych słów.

„Nasz Przegląd" 1937, nr 119.

But grand trees in the fog don't know
what blood, and abscess, and cancer, and clots mean.
What it means to die in March of consumption,
and that to live — bread is needed.

Also, they don't know what first love is,
and last, or if it comes back again.
And what the bitter lie is in sweet verses,
what consolation is given by these helpless words.

Our Review (1937) #119

ROZMOWA Z PANEM MIKOŁAJEM

Ani myślę pana przekonywać,
Panie Mikołaju.
I to teraz — w maju,
Kiedy drzewa są naprawdę już zielone —
Uśmiecha się pan tajemniczo,
Pan myśli, że jestem zmartwiony
Pana nienawiścią —
Nie, kochany panie Mikołaju —
Jestem tylko zachwycony
Tą okiścią
Brzozy rozszumionej.
Poza tym jestem spokojny i szczęśliwy.
Będą śliwki — czarne, lśniące aksamitki —
Choć pan — Polak, a ja — Żyd
Będziemy je jedli razem —
Bo śliwki — to nie antysemitki.
Każdemu dają sok swój i swą słodycz —
Nie poskąpią mi też cienia ogrody,
Obłok uśmiechnie się do mnie jak i do pana.
Będziemy razem zbierać kwiatki —
I miód pić będziemy z jednego dzbana.
(Pszczoły — to demokratki).
Poza tym —
Mam oczy jasne jak i pan,
Kochany panie Mikołaju,
I dłoń szczerą do uścisku skorą
I serce mam jak pan
I smutek ten sam —
Tak, tak kochany panie Mikołaju.

Kiedyś — za sto lat — będziemy razem
W piekle albo w raju —
Drogi panie Mikołaju —
A tam — wiadomo — jeden kocioł
Albo jedna wieczność promienna.

CONVERSATION WITH SANTA CLAUS

I don't even think about persuading you, Santa Claus.
And even now — in May
when the trees are already very green —
you smile, Mister, mysteriously,
you think, Mister, that I am troubled
by your hatred —
no, dear Santa Claus,
I am only delighted
because of the humming limbs
of these birch trees.
Besides, I am calm and content.
There will be plums — black, glistening like velvet —
even though you are — Polish, and I, — a Jew,
we will be eating them together —
because the plums are not anti-Semitic.
They give their juices and sweetness to everybody,
and, also, the garden is not stingy with its shade.
A cloud will smile the same to me
as to you, Mister.
Together, we will be picking flowers
and we will drink
a honey wine from the same pitcher
(bees are democrats).
Besides —
I have light eyes, like yours
dear Santa Claus,
and a sincere hand,
ready to shake hands,
and I have a heart like you, Mister
and the same sadness.
Yes, yes, Santa Claus.
Sometime, maybe in 100 years, we will be together
in hell or in heaven —
dear Santa Claus —
and there — it is known — one steaming cauldron
or one beaming eternity.

A więc po cóż te grymasy, panie Mikołaju —
I to teraz — w maju.
Fe, to brzydko, panie Mikołaju —

„Ster" 1937, nr 44

So, what is with these grimaces, Santa Claus —
even now — in May.
Feh, it is so ugly, Santa Claus.

Rudder (1937) #44

ROZMOWA Z PANIĄ ŁUCJĄ

Tak, tak moja pani,
Mam lat trzydzieści,
A już nie jestem ani bałamutny,
Ani okrutny,
Ani rozrzutny,
Tylko najzwyczajniej w świecie — smutny,
Tak. Smutny.

Że tak powiem — minorowy.
Te wszystkie piękne głupstwa dawno mi wywietrzały z głowy...
Nie jestem cyniczny,
Ani bukoliczny,
Ani seraficzny,
Ani perfidny,
Ale najzupełniej trzeźwy
I najoczywiściej — solidny.

Pani dziwi się, że mówię takim tonem,
Że taką oschłość między nas wprowadzam,
Mój Boże,
Mam przecież żonę,
Której nie zdradzam
I takie kłopoty,
Że doprawdy nie mam czasu na zaloty i tęsknoty...
Jestem — jak to mówią — prostolinijny,
Zwyczajny mieszczuch...
I — o, horror! — religijny —
Doprawdy nie wiem, jak się te słowa w pani płochych uszkach pomieszczą.

Ale cóż ja na to poradzę, kiedy to tak już jest...
Za rok, za dwa lub za trzy
Będę miał z Bożej łaski
Córkę lub syna
I skończą się sny...
Będę popychał wózek w Ogrodzie Saskim —
Po tym przyjdzie łysina
I brzuszek (a jakże... a jakże...).

CONVERSATION WITH MRS. LUCJA

Yes, yes, my dear Mrs.
I am thirty years old
and I am not flirtatious anymore,
cruel
or extravagant,
but simply — sad,
yes. Sad.
I would say doleful.
All that beautiful nonsense evaporated from my head a long time ago...
I am not cynical,
or spiritual,
a saint,
or disloyal,
but completely sober,
and of course, solid.

You are surprised, Mrs., that I speak with this kind of tone,
that I introduce such dryness between us,
my God,
after all, I have a wife
to whom I am faithful,
and such problems,
that, indeed, I don't have time for flirtations and yearnings...
I am, as they say, straightforward,
a simple middle-class man,
and — horrors! religious.
Really, I don't know how your shy ears will react to these words.

But what can I do, when things are just the way they are...
In a year, two, or three
I will have, God willing,
a daughter or son
and all the dreams will end...
I will be pushing a baby carriage in Saski Garden —
then, baldness will come
and a pot belly (of course... of course...).

Trzeba już pomyśleć o podagrze,
Trzeba wyobrazić sobie to zawczasu
I spokojnie spojrzeć w oczy Czasu
Demoniczne i złośliwe...
Ot, i pani... ma... już jedno pasmo włosów... siwe...
Tak, tak kochana pani Łucjo,
Nie zmienimy tego rewolucją,
Ani łzami,
Ani biadoleniem,
Ani westchnieniem...
Pani... zła ... że mówię o tym?
Ależ... ja... nic... ja ... tylko, ot tak sobie...
Nie o pani... tylko o sobie...

„Ster" 1937, nr 44

I should already think about goiter,
imagine it in advance
and cool-headedly look
into the demonic and angry eyes of Time.
You see, and you Mrs.... have already... one strand of gray hair.
Yes, yes, my dear Mrs. Lucja,
this we can't change with revolution,
tears,
complaints,
or sighing...
Mrs.... are you angry... that I talk about it?
By all means... I... nothing... I... only, just me...
Not about you Mrs.... only about myself.

Rudder (1937) #44

NA PROWINCJI ŻYDOWSKIEJ

Chałupy chwieją się jak lunatyczki,
Panicznie biegną w dół uliczki
W popłochu, w kłębach kurzu ku rynkowi —
W alkierzach śpią ojcowie i dziadowie.

Ze ścian opada tynk.
Niepewnie czuje się pod dachem chata —
Myślą dziadowie nocą:
"Trzeba by dach załatać".
Myślą... medytują... zasypiają...
Na krzywy dach gwiazdy, jak łzy gorące spadają.

Nieswojo chrapie za ścianą
Babka biała, jak topielica —
Na ławie stoi garnek pełny księżyca.

Zegar ochryple tyka — tyka —
Taka to smutna muzyka,
Taka to rzewna muzyka —

Oto dziadowie nasi, których losy się ważą,
Znużeni śpią. Znużeni kupnem i sprzedażą.
Kupnem i sprzedażą, targiem i stratami.
Miast zyskiem mają sakwy napełnione łzami —
Łzami i goryczą, wichrem i rozpaczą —
Już tych swoich gorzkich dni nie przeinaczą.

Śpią...

Tymczasem świt wysuwa się liliową mgłą.
Wiatr rozdmuchuje gwiazdy jak złoty mak —
Pieją koguty. Obudził się ptak.
Złażą ze swych legowisk ojcowie i dziadowie.
Idą do bóżnicy pokłonić się Jehowie.
Idą, idą smutni, przygarbieni,
Lecz po drodze uśmiech twarz im opromienił.
Uśmiechają się do dzieci, igrających pod zielenią drzew —
W żyłach dzieci przetrwa ich odwieczna krew —

IN THE JEWISH PROVINCE

The huts reel like lunatics
and run in panic, in swirls of dust down the street
toward the city bazaar
where fathers and grandfathers sleep in alcoves.

The hut shakes under the roof,
plaster drops from the walls.
The grandfathers think at night,
"The roof should be patched."
They think... meditate... fall asleep...
stars like hot tears drop on the crooked roof.

Behind the wall a grandmother snores uneasily
white like a drowned woman,
on a bench stands a moonfilled jug.

The clock huskily tick-tocks,
such sad music,
such sentimental music.

Now, our grandfathers' fate is weighed.
They sleep, worn out by buying and selling,
buying and selling, bargaining and losses.
Instead of profits their wallets are filled with tears,
tears and bitterness, hurricane and despair.
Now, they can't change their bitter days anymore.

They sleep...
Meanwhile the dawn rises with lilac fog.
The wind blows out stars like golden poppy seeds.
Cocks crow. A bird wakes up.
The fathers and grandfathers come out of their lairs.
They go to the synagogue to daven before Yaweh.
They walk, walk sadly, hunchbacked,
but on the way a smile brightens their faces.
They smile to children playing under green trees.
Their primordial blood will live on in their children's veins.

Z dzieci wyrosną chłopaki i dziarskie dziewczyny —
Zapełnią wrzawą uliczki, bóżnice i rynek.
Wrzawą i życiem, znojem i nadzieją —
Więc śmieją się dziadowie i ojcowie śmieją.

Oto po życiu — zyski nieznikome —
Dzieci naprawią dachy i odnowią domy
I tak jak wiosną śnieg, tak zniknie smutek i strach.
W księżycu będzie się iskrzył śliczny, nowiutki dach...

„Chwila" 1938, nr 6946

Strong boys and girls will grow up out of their children.
The streets, synagogues and bazaars will fill with vigor,
life, toil and hope.
So, the grandfathers and fathers laugh.

After life, profits remain —
children will fix the roofs and rebuild homes,
sadness and fear will vanish like spring snow,
and a beautiful, new roof will sparkle in the moonlight.

Moment (1938) #6946

DZIECKO ZACZYNA CHODZIĆ

Dziś po raz pierwszy, córko, chodzić masz,
Masz iść przez życie, sama iść i nie paść —
Choć każdy krok dla ciebie dziś — to przepaść.
Zataczasz się córeczko, drżysz i łkasz.

Odwrotu nie ma. W życiu tak już jest.
Upadłaś! Płaczesz! Z nosa krew się sączy.
To nic. Ta krew nie dzieli, ale łączy
Z ziemią, co łaknie trudów twych i łez.

Bo trzeba przyzwyczaić się zawczasu.
Po wodę chodzić, przynieść drewna z lasu —
Więc padaj, wznoś się i przed siebie patrz —

Z miłością chłonę krok twój i płacz,
Gdy o coś potkną się twe nóżki zwinne —
O, drogie, małe stopy wy, dziecinne...

„Chwila" 1939, nr 7273

A CHILD BEGINS TO WALK

Today, my daughter, you walk for the first time.
Even though every step is an abyss
and you stagger, shiver, and sob,
you must go through life on your own, without falling.

There is no way back, life is just like that.
You fall! Cry! Blood drips from your nose.
That's nothing. This blood doesn't separate
but unites you with the soil that longs for your labor and tears.

It is good to get used to
carrying water and wood from the forest.
That's why you should fall and get up
more often and look ahead of you.

I devour your steps and cry with love
when your agile feet stumble on something.
Oh, dear, your little feet.

Moment (1939) #7273

ACKNOWLEDGMENTS

Maurycy Szymel's biography, entitled *The Shy Hand of a Jew,* appeared in the September/October 2003 issue of *The American Poetry Review,* in the Summer 2003 (vol. 10, no. 1) issue of the *Ashville Poetry Review,* and a special 2004 (vol. 22, no. 2) issue of *Shirim: The Poetry of Maurycy Szymel.*

Acknowledgment is made to the following publications, in which Szymel's poems originally appeared:

Shirim: A Jewish Poetry Journal ("About Lost Sabbath," "Conversation with Mr. Mikolaj," "Death," "An Elegy for the Polish Land," "Mother Lights the Fire," and "Sabbath")

Forward ("An Elegy for the Polish Land" and "A Return Home")

International Poetry Review ("A Child Begins to Walk" and "A Path to Solitude")

Blue Unicorn ("Anti-Semites")

American Poetry Review ("Arrival," "To …," "A Ballad about the Fools from Chelm," "Earth," "My Mother," "Jews," "Psalm," "Country Evening," "Jews and Dogs," "Lag B'Omer," "Cadets," "A Ballad about a Boy in Darkness," "In the Jewish Province," "About an Evening and Death," and "A Child Begins to Walk")

Ashville Poetry Review ("Death" and "About Lost Sabbath")

Shirim: The Poetry of Maurycy Szymel ("A Return Home," "Saturday," "A Bible on the Table," "The Homeland I Haven't Seen," "My Mother Nags," "An Evening on My Street," "About the Old Man Longing," "Anti-Semites," "About Lost Sabbath," "Jews," "Winter in My Home," "About the Messiah Who Didn't Come," "The Jewish Spring," "About an Unknown Jewish Soldier," "Jews and Dogs," "The Jewish Homeland," "Feast of Tabernacles," "A Path to Solitude," "Death," "Lag B'Omer," "I Won't Be Small Anymore," and "In the Jewish Province")

ABOUT THE TRANSLATORS

Aniela and Jerzy Gregorek came to the United States from Poland in 1986 as political refugees during the Solidarity Movement. In 1998, they both received MFAs in writing from Norwich University's Vermont College. Their poems and translations have appeared in *The American Poetry Review*, the *Ashville Poetry Review*, *Forward*, *The International Poetry Review*, *Poetry Miscellany*, and other publications. In 1997, Tennessee University Press published *A Weaver from Radziszow* and *Late Confession*, chapbooks of their translated poems by Polish contemporary poets Adam Ziemianin and Jozef Baran. In 1998, Aniela and Jerzy served as guest editors and translators for a special edition of *Shirim: A Jewish Poetry Journal*, subtitled *Polish Jewish Poets between the Wars*. They returned to *Shirim* in 2004 to edit another issue, subtitled *The Poetry of Maurycy Szymel*. In 2000, they co-translated three books of Polish contemporary poetry: *In a Flash* and *Water Marks*, published by Cross-Cultural Communications, and *Her Miniature*, published by Arcana. *Fish's Eye* by Adam Ziemianin (Polish to English) and *100 Butterflies* by Peter Levitt (English to Polish) are their fourth and fifth co-translated books of poetry, both scheduled for publication in 2014. In 2000, they gave a reading of some of their translated poems at the United Nations, together with Stanley Kunitz, Gerald Stern, and Henry Taylor. *In a Flash* was a finalist for the PEN USA West 2001 Literary Award. In 2003, the National Endowment for the Arts awarded Jerzy a Literature Fellowship to support the translation from Polish into English of selected poems by Maurycy Szymel. This project was done in collaboration with his wife. Fourteen of these translated poems appeared in the September/October 2003 issue of *The American Poetry Review*. Aniela and Jerzy live with their daughter Natalie in Woodside, California.